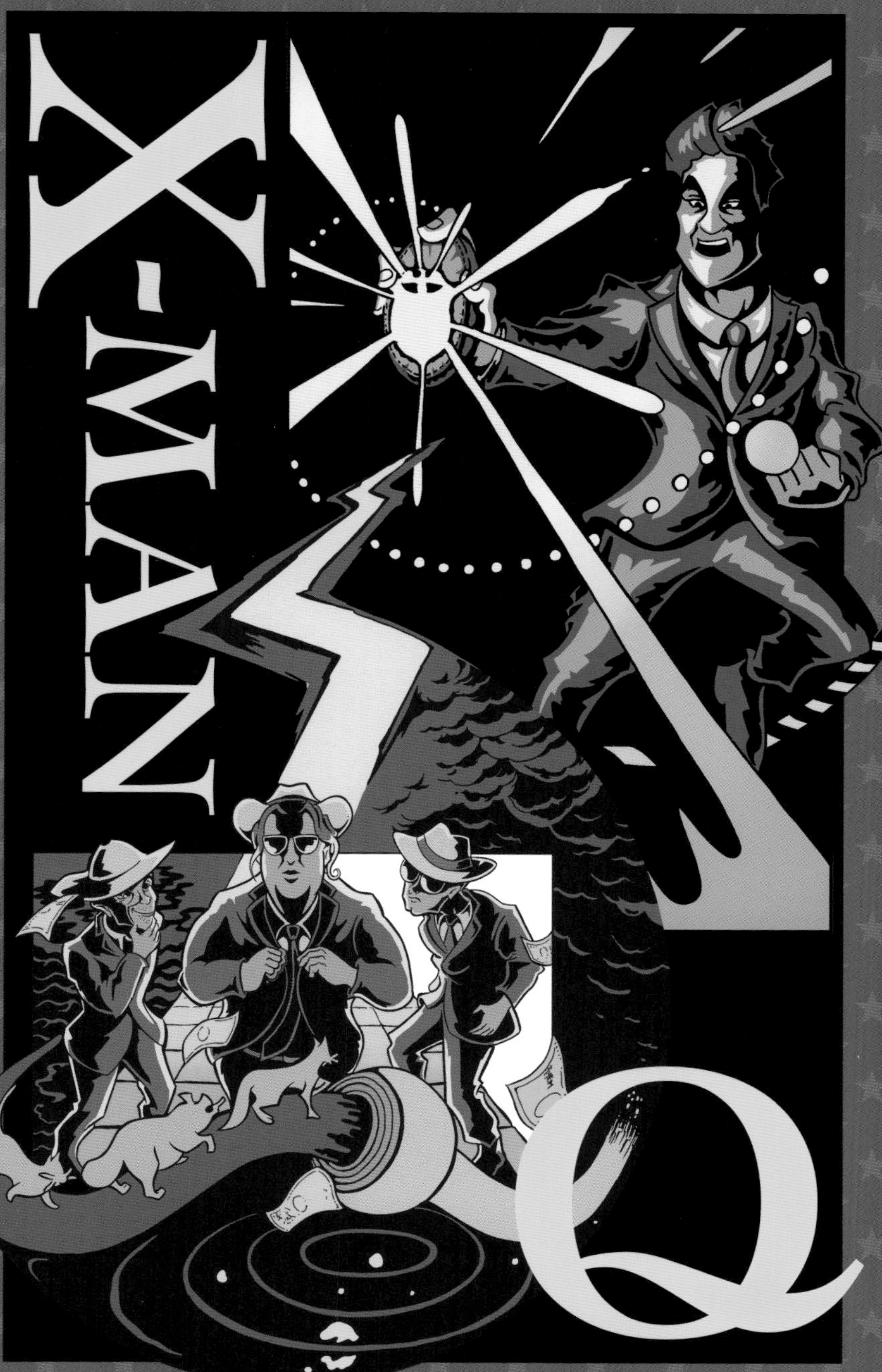
X-MAN
Q

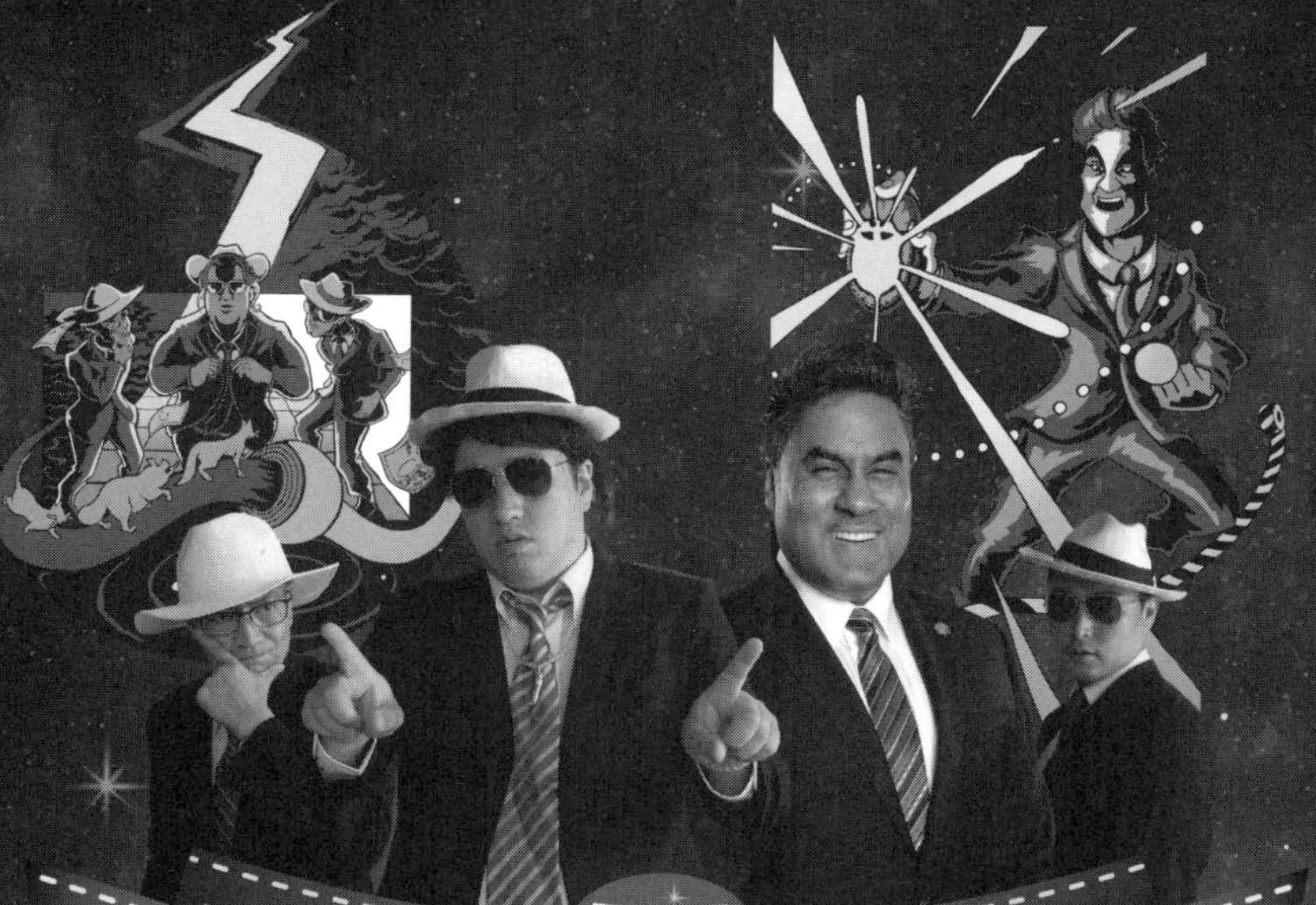

THE X-MAN FILE Q

あの『X-ファイル』の主人公と世直しYouTuberが
真実を暴く最高機密ファイル VOL.3

元FBI特別捜査官
ジョン・デソーザ
×
JOSTAR

with 岡本一兵衛、直家GO

VOICE

はじめに

親愛なる日本の読者の皆さんへ

これまで、『真実はここにある　あの「X-ファイル」の主人公が明かす最高機密ファイルVol・1』『ディスクロージャーへ、宇宙維新がはじまる！　あの「X-ファイル」の主人公と語る最高機密ファイルVol・2』の本の中でお会いしてきましたが、私が直接皆さんにご挨拶をするのは初めてになるかもしれませんね。

改めまして、皆さんに「はじめまして」と申し上げます。

私の名前は、ジョン・デソーザ、通称、〝X-マン〟です。

過去の2冊の本を読んでいただいた方は、もうすでにご存じかもしれませんが、ここで最初に私の自己紹介を簡単にさせていただきます。

私は、ＦＢＩの元特別捜査官でＦＢＩには25年間、勤めていました。

そして、ご存じのように、私は超常現象を扱ったアメリカのＴＶドラマ、『Ｘ-ファイル』の主人公のモデルにもなったのですが、このドラマこそ、私がアメリカの政府機関や役人たちに接した時に常に感じていたいらだちや、もどかしさをまさにリアルに描いたものだと言えるでしょう。

でも、私にとっての本当の苦難は、実際に超常現象を自分で体験しながらも、決してそのことを認めようとしないアメリカの人たちが多かったということです。

だから、そんな人たちに向けて、私は言わなければならなかったのです。

「真実はここにある（The truth is out there）」のだと。

そして、そんな彼らがついに、「真実だと信じたい」と言ってくれるようになったのです。

けれども、政府の役人たちは、未だに真実の周囲に高い壁を築いています。

これまで、何十年にもわたって、私はアメリカ政府に対して、説明のつかない超常現象を受け止めてもらおうと必死で闘ってきました。

けれども、何しろ、西洋の文化自体がスーパーナチュラルな現象を受け止めることに対して、大きな抵抗があるのも事実なのです。

一方で、日本の人たちは、目に見えない世界で起きる真実を、当たり前のように受け止めてくれる背景があります。

そんな日本人や日本の文化を私はとても好きになりました。

また、日本では、カバールが作り上げてきた〝間違ったマトリックスの現実〟を受け入れないでいようとする意識を、皆さんが集合的に持ってくれているようです。

だからこそ、そんな日本の方たちと対談を行うのは、私にとって、とても喜ばしい体験なのです。

特に、今回の対談相手のジョウ☆スターさんは、素晴らしいインフルエンサーであり、世の中で起きることをレビューして紹介してくれていますね。

今回、彼とは本当の真実と自由について、この本で語り合いました。

また、ゲストで参加していただいた一兵衛さん、直家ＧＯさんも、それぞれの専門分野について詳しく深い知識をお持ちの方であり、楽しく充実した対話となりました。

今回、皆さんが実際に白い帽子を被って、ホワイトハットの精神を示してくれていたのも、とても頼もしいと思いました。

今回の本を通して出会った３人の皆さんとの出会いに心から感謝します。

さあ、それでは今回も、スリリングな対話の旅がはじまります！
あなたの準備はできていますか？
“The truth is stranger than we can imagine.”
真実とは、想像以上に不可思議なものなのです。

Ｘ－マン、ジョン・デソーザ

はじめに

Contents

CHAPTER 2

コロナとワクチン問題について

CHAPTER 3

パンデミックの次にやってくる地球侵略計画

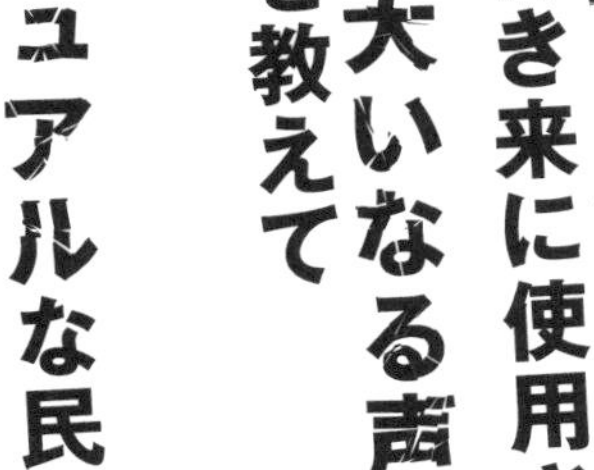

CHAPTER 4

〝ゴム人間〟の最新動向を徹底調査

＝ゲスト 岡本一兵衛＝

CHAPTER 5

FBI捜査官の条件
＝ゲスト　直家GO＝

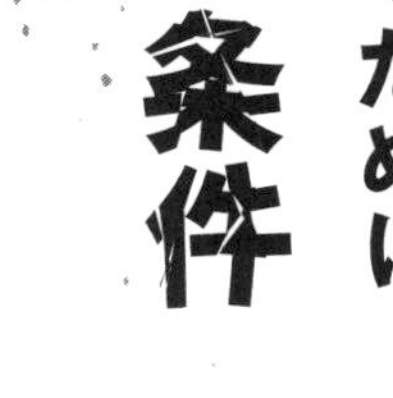

CHAPTER 6

情報発信はパロディや風刺のスタイルで

CHAPTER1
アメリカ大統領選のその後について

トランプは現在どこで何をしている？

JOSTAR　はじめまして。都市伝説好きでトランプマニアのジョウ☆スターです。YouTubeでは、毎日ライブ配信で、世界中で起きている出来事を紹介しながら、僕なりに真実を追求しています。ジョンさんの2冊の本は、僕のチャンネルでも何度かご紹介させていただいたので、僕の視聴者さんたちもジョンさんのことは皆、知っていますよ！　今日は、お会いするのを楽しみにしていました。よろしくお願いいたします！

ジョン　はじめまして。私はジョン・デソーザと申します。すでにご存じかもしれませんが、簡単に自己紹介をしておきますね。私はFBIで25年間ほど特別捜査官の任務に就いていました。超常現象を扱ったドラマ、『X-ファイル』のモデルにもなったことがあります。ジョウ☆スターさんのチャンネルは、よく見ていますよ。とても愉快なチャンネルですね！

JOSTAR　どうもありがとうございます。僕のチャンネルを見ていただいているなんて、光栄です。今日は、僕の視聴者さんたちがこの日のために送ってくれた質問の数々をジョンさんにぶつけていこうと思います。

ジョン　はい、大丈夫ですよ！　どんな質問にも準備万端ですので、どこからでもかかってきてください！

JOSTAR　ありがとうございます。では、まずは、やはり昨年11月の大統領選以降のアメリカの動きが気になるところです。多くの人がこのあたりのことを知りたいので、ここから質問していきたいと思います。大統領選の結果はすでに誰もが知るところですが、現在、トランプ前大統領★はどこにいて、何をしているのかについて、教えていただけますか？　彼についての最新情報が何かあれば教えてください。

ジョン　わかりました。まず、最初に申しておきたいのは、トランプは現在も、ある意味において、まだ〝アメリカの大統領〟であると言えるのです。別の表現をするなら、彼は今、「アメリカ共和国」の大統領と言えばいいでしょうか。一方で、不正選挙で勝利を勝ち得たジョー・バイデンの方は、アメリカという〝一大企業〟のトップ、つまり、〝アメリカン・コーポレーション〟の社長であり大統領になった、と言えるのです。

ＪＯＳＴＡＲ　「トランプが共和国をつくる」という話は、これまでいろいろなところで噂《うわさ》されてきましたが、実際には、すでにそうなんですね。

ジョン　はい。そして現在、トランプ前大統領が何をしているかというと、彼は軍の指揮を執りながらアメリカ中を遠征しています。今、アメリカという国は軍の傘下にあると言ってもいい状況です。実は、トランプと軍関係者たちは不正選挙が行われる前から、この体制をつくるための準備をしていました。すでに、選挙前に軍の各部署の司令官たちとミーティングを重ねている写真もたくさん残っていますね。

また、トランプにはクローン、もしくは替え玉のそっくりさんが存在しているようで、そのクローン、もしくは替え玉がフロリダ州のパームビーチにある彼の別荘の「マール・ア・ラーゴ」にいて、そこでゴルフをしたりしているようです。そこで、大手メディアは、そんなトランプの姿を「呑気《のんき》な、なまけ者」などと報じていますね。実際には、メディアの関係者たちも「別荘でゴルフをしているのは、本物のトランプではないのでは」、ということには薄々気づいてはいるのですが、彼らはもともとトランプのことは嫌いなので、もはや、そんなことはどうでもいいようです。

★
トランプ前大統領の動き

現在アメリカ国内の米軍基地やキューバにある基地内のグアンタナモ収容所などを訪問中のトランプ前大統領は、不正選挙がはじまる前から、この流れを予測して、現在の動き方について軍関係者と打ち合わせを重ねていた。

＜画像：デソーザ氏提供＞

軍事裁判は粛々と行われている

JOSTAR　なるほど。つまり、トランプのニセモノがゴルフをしているのですね！

ジョン　はい。トランプのそっくりさんは、カメラの前でポーズを取ったりしていますね。ただし、そのそっくりさんの振る舞いは、本物のトランプっぽくはなかったりするのですが、マスコミはそのことは気にも留めないようです。とにかく現在、本物のトランプは、アメリカ中を旅しています。彼はアメリカ国内だけでなく、軍事裁判が行われているキューバにあるグアンタナモ湾にあるアメリカ海軍の基地にもよく行っているようですね。この基地には、テロリストたちを収監するキャンプ施設がありますが、現在、ここでカバールのメンバーに対して軍事裁判が行われており、処刑なども行われていると聞いています。

JOSTAR 大量逮捕、などという噂も常に出回っていますが、軍事裁判は本当に行われているのですね。

ジョン はい、そうです。ちなみに最近、私はトランプのトップの側近たちでもある、元アメリカ陸軍中将で国防情報局長官を務めたマイケル・フリンや彼の兄弟のジョー・フリンなどと共に協力してドキュメンタリー映画を制作しました。その映画のタイトルは『ビッグ・リッグ』というのですが、これは別名、「ビッグ・スティール」、つまり、「大いなる窃盗」というような意味になります。この映画では、カバールがどれだけ盗人として悪事を働いてきたか、ということを紹介しています。「盗まれる」という意味は、わかりやすく言えば、あの不正選挙を意味しているのですが、他にも彼らはこれまで、ありとあらゆるデータや情報などを盗んできましたよね。

また、映画に関して言うと、『ビッグ・リッグ』の前には『サウザンドピーシズ（A Thousand Pieces）』、「1000個のカケラ」というタイトルのドキュメンタリーも作りました。これは、アメリカの情報機関が腐敗している実態についてのストーリーです。もはやCIAやFBIは、アメリカの市民を攻撃するような邪悪な組織に成り下がってしまった、というような内容を紹介しているフィルムです。実際に、CIAやFBIはアメリカの市民さえも殺していますからね。このフィルムは半年前に作ったものですが、私の最新作は『ビッグ・リッグ』になります。

JOSTAR

面白そうですね。僕も自分自身でも映画制作に携わっていますので興味があります。ぜひ、拝見させていただきます。ところで、今回の不正選挙については、最終的に、なんだかはっきりしないまま終わったようなところがありますが、不正選挙についてのジョンさんの最終見解はいかがですか？　また、一般的なアメリカ国民はこの件をどう思ったのでしょうか？　また、噂では、不正選挙には日本の都庁からもアクセスがあったともいわれていますね。

ジョン　まず、選挙時に都庁のアクセスがあったかどうかという話ですが、そう言われても、まったく驚く話ではありません。というのも、この不正選挙には、世界中の主要なカバールの国がすべて関わっていた、と言っても過言ではないからです。各国からネット上でアクセスがあった情報を集めて再編成し、そして、データを改ざんして不正選挙に用いたことは明らかです。多くの国が関われば関わるほど、逆に嘘だとわからなくなるし、真実のように見えますからね。

ＪＯＳＴＡＲ　不正選挙に関しては、日本だけでなく、多くの国が関わっていたわけですね。

ホワイトハウスはハリウッドのレプリカを使用

ジョン

はい。また、一般のアメリカ国民が大統領選をどうとらえていたのか、ということについてですが、特に、20～30代の若者たちや、ＩＴやテクノロジーに詳しい人など多くの人は不正選挙があったことをきちんと認識しています。そして、政治面ではフェイクな情報が流されていることも知っています。たとえば、バイデン大統領の任命式がありましたね。この時の様子がテレビにも映っていましたが、ほとんどがＣＧＩ（Computer Generated Imagery）で作成されたものです。任命式に出席した政治家やセレブリティたちも、自分たちが逮捕されないように、自分自身のＣＧＩを画面に挿入して、あたかも実際に式典に参加しているように見せていました。

ＪＯＳＴＡＲ　アメリカの若い世代は、すでにフェイクだと気づいているというわけですね。

ジョン　はい。ホワイトハウスにしても、ジョー・バイデンや副大統領のカマラ・ハリスは、その場にいるように見えていますが、ホワイトハウスは、今や完全にロックダウンされており使用されていません。たとえば、ホワイトハウスの敷地には、イベントなどが催されるローズガーデンという庭もあり、そこでの映像などもよく出てきますが、この庭についてもレプリカが存在しています。要するに、ホワイトハウスのすべてがスタジオの中にセットが組まれているのです。

ハリウッドには「キャッスル・ロック・スタジオ」というスタジオ（ワー

ナー・ブラザースの傘下）がありますが、すべてそこに造られたセットの中で撮られています。もともとこれらのセットは、ハリウッドでホワイトハウスを使用するような映画やドラマなどを撮影する際に使われていたレプリカだったのですが、それがリアルな政治の世界でも使用されているというわけです。ホワイトハウス内での打ち合わせが行われている様子なども同様に、実際のホワイトハウスで行われているものではありません。

また、たとえ、CNNのニュースで記者会見の場面が流れていたとしても、それは、実際のバイデンも秘書官も誰もいない架空の記者会見だったりします。たとえば、TVの画面上ではローズガーデンで記者会見が行われているように見えても、実は、レプリカの空っぽのローズガーデンを撮影した後で、人物たちをCGIで追加して合成しているのです。他にも、バイデンやカマラがエアフォースワンに乗って、あちこちへ行く映像などもありますが、これも、背景のグリーン・スクリーンの前にタラップだけを用意して、そこにエアフォースワンの映像を組み合わせているのです。こんな感じで、ハリウッドの映像技術の協力のもとに作られているものに対して、若い世代は、このようなフェイクには騙《だま》されていないということです。

JOSTAR　そうですね。やはり、完璧に見えたとしても、どこかしら不自然さなどは出てくるものですからね。

ジョン　そうなのです。そして、不正選挙に対する私の最終見解についてですが、私が今住んでいるアリゾナ州というのは、選挙の再監査が行われている最初の州でもあります。つまり、アリゾナ州は今、不正選挙を正すために再集計をしている、というところです。最高裁はすでに汚職で腐敗しているので、この作業は州単位で行われることになっています。この時点では、今から選挙をやり直すことはできませんが、不正選挙で起きたことをすべて明らかにすることはできると思います。

また、これまでの最高裁における判例によると、「不正選挙が存在したことを証明できるのなら、選挙の結果は覆されて無効になる」、ということも可能なのです。ですので、現状では、そのような流れに持っていければ、というところでしょうか。不正選挙に関わった民主党員をはじめ、すべての関係者のことが暴露される日が刻々と近づいています。もし、これが可能になれば、トランプはもう一度任命されるし、再び大統領になれるのです。今、多くの州がこの作業をそれぞれ行っている最中です。これが明るみに出たら、この件に関与した者たちは逮捕されるはずです。すでに、何千人もの民主党員が逮捕されています。早ければ、この監査の結果は夏頃には出るかもしれません（対談収録時は6月下旬）。

バイデンを演じているのは俳優アーサー・ロバーツ

JOSTAR　そうすると、この本が出る頃にははっきりしているかもしれませんね。ちなみに、ジョンさんは現在のバイデン政権やその政策をどう見ていますか?

ジョン　まず、バイデンを演じているのは、83歳のアーサー・ロバーツ★という役者さんが生きた組織のシリコンマスクをつけて演じているといわれていますね。ただし、彼には自由意志はなく、イヤホンから入ってくる指示通りに動いているという感じです。指示を出しているのは、世界的な投資家として知られるジョージ・ソロスやロスチャイルド、中央銀行家たち、また、習近平からも指示がきている可能性があります。

バイデンを演じているのは俳優アーサー・ロバーツ

★アーサー・ロバーツ

バイデンを演じているといわれているのは、バイデンと同世代のハリウッド俳優、アーサー・ロバーツ

＜画像：デソーザ氏提供＞

また、彼の政策は「アメリカを破壊するための政策」と言えばいいでしょうか。そして、今のところ、その破壊工作は上手く進行している、というところです。要するに、彼の背後の〝マスターたち〟の思惑通りに事が運んでいるのです。ただし、まもなく彼もそのうち大統領の座から追われることになるはずです。そうなると、これまでの政策もすべて水の泡になるでしょう。なぜなら、先ほども申したように、不正選挙の上で決定されてきたものは、法的にはすべて無かったことになるからです。

とにかく、今、私がワクワクしているのは、不正選挙をはじめとする悪事を裁くための軍事裁判が進行中ということです。もちろん、トランプ自身は私たちにはそのことを直接話すことはありませんし、他のソースからもこのような情報が漏れることはほぼないでしょう。しかし今、実際にグアンタナモ基地で軍事裁判が行われているのは事実です。そして、マスコミはこの事実を隠そうと、さまざまなフェイク・インタビューを流しています。たとえば、あるメディアではあのヒラリー・クリントンのインタビューを通して、彼女が健在であることを伝えていますが、これはフェイクです。若い世代の人たちは、すぐにこれがニセ情報であることがわかるのではないかと思いますが、実際のヒラリー・クリントンはすでに死んでいます。他にも、多くの人々がすでに裁判にかけられて死亡しているのにもかかわらず、彼らの最新インタビューなどが、まるで彼らが生きているかのようにまだ出回っている、というのが実情なのです。

JOSTAR　ヒラリー・クリントンについては、さまざまな噂が錯綜《さくそう》していますが、彼女はすでに亡くなっているのですね。ところで、その後、Q（Qアノン）からは新たな報告などはありますか？

ジョン　そうですね。現状でQに関して言えることは、今、かつてQが予言したことが次々に現実の世界で起こりつつあるということです。Qは２０１７年からさまざまな予言やコメントを出してきましたが、それらが今になって実際に起こりつつある、というところでしょうか。彼らが語ることは、「３年経ってそれが実際に起きる」という意味で「3 Year Delta」、つまり「3年目のデルタ★」と呼ばれています。トランプや軍関係者は不正選挙のこと、そしてそれに続く軍事裁判のことを前もって知っていましたし、Qも2017年からこのことを予言していました。もちろん、当時の私たちには、何のことだか意味がわかりませんでしたが、彼らは「世界レベルでの犯罪が起き、世界中がそれを目撃するだろう。そして犯罪を起こした者たちは捕らわれるだろう」と暗示していたのです。

★デルタ

デルタには「変化」や「差」という意味があることから、「3年目に起きる変化」、というような意味で使用されている。

また、選挙時の投票用紙には、透かし模様がつけられていて、用紙をブラックライトで照らせば、それが本物の投票用紙なのか、それとも中国で生産された偽物の用紙なのかがわかるようになっていました。Qは、これらのことも3年前にすでに暴露していました。

では、なぜトランプは、そんなことも事前に知っていたのに不正選挙が起きることを許したのか、と思われるかもしれませんが、彼はあえて皆を泳がせていたのです。これらのことを、あえて起きるがままにしたのです。なぜならば、不正選挙をアメリカ国内の問題だけでなく、グローバルな問題にしたかったからです。それは、世界中のカバールのネットワークのメンバーを逮捕するためでもあったのです。今回の件には、イタリアやバチカンなど多くの国が関わっているとされていますが、日本もこれに関わっていると思います。

JOSTAR　なるほど。あえて世界中の人々がこの問題に気づくようにして、目覚めへと導こうとしたというわけですね。

カバールに操られるクローン化した世界のリーダーたち

JOSTAR　先ほど、バイデンを演じている俳優の話がありましたが、日本に目を向けると、天皇にもクローン説などの噂もありますが、どう思われますか？

ジョン　個人的には判断できかねますが、ありえるかもしれません。ただし、クローンであることを疑われている人は、自分でそのことを知っています。なぜなら、そういった情報がネットなどに出回ることで自分の耳にも入ってきますからね。そのような場合、もし、クローンでないならば、本人が公の場に出て、シンプルではない複雑な会話などをあえてしてみせたりするはずです。要するに、きちんと会話能力があることを示すわけです。でも、もし、そのような機会が一切ないのなら、本物ではなくクローンの可能性があるかもしれません。

基本的に、カバールの配下の人物たちは皆、クローンを持っているといわれています。では、本物の人物はどこへ行ったのか、と問われるなら、もうすでに亡くなったか、表舞台に出ていない、ということだと思われます。たとえば、バイデン大統領や下院議長のナンシー・ペロシなどは、もうリアルな本人たちではなく、役者かクローンが彼らを演じていると思われます。

そして、役者の場合、本人とよく似た役者を選んで、本物の皮膚のように見える「生体マスク」をつけて本人を演じている場合もあります。すでにオバマ元大統領や多くの人物がこのようなそっくりさんや、クローンに置き換えられています。では、それを誰がやっているのか、カバールの指揮の下でこれが行われているのか、と問われるなら、確実なところはわかりません。もしかして、エイリアンのハイブリッドたちがそうさせているのかもしれませんしね。やはり、このあたりの真相は謎のままなのです。ただし、1つだけ言えることは、このようにして、そっくりさんやクローンに置き換えられた世界のリーダーたちは、今ではカバールのやりたいように操られているというわけです。

JOSTAR　それにしても、クローンやそっくりさんも似ているとはいえ、よくバレませんね。

ジョン　そっくりさんは、バレたこともありますよ。軍事裁判が行われていることを知らせるウェブサイトがありますが、その記事によると、軍人のホワイトハットたちがナンシー・ペロシを裁判に連れてこようとした際に、本物のナンシー・ペロシではなかったことが発覚したそうです。その時は、ペロシよりも年齢が若く、精巧なシリコンマスクを被った女優が影武者を演じていたそうです。実際には、軍関係者は、本人ではないことを事前に把握していたようで、本物のナンシー・ペロシがどこにいるかを知るために、その影武者の女性を逮捕してグアンタナモに連れてきたそうです。実は、軍の側にも「ゲート・テクノロジー」とか「ウォーキング・テクノロジー」という本人かどうかを判別するテクノロジーがあります。それは、本物の人物の歩く動画を撮影しておいて、その映像とクローンやそっくりさんの歩き方と整合させることで、本人かどうかを判別するという技術です。

JOSTAR　軍の方にも、クローンかどうかを調べるような技術があるのですね。

ジョン　はい。カバールとアライアンスは、どちらもすごいテクノロジーを持っています。ただし、私たちは、まだそれらにアクセスすることはできません。そのテクノロジーが使われたという事実を、マスコミを通じて知り得るだけです。

JOSTAR　わかりました。それでは次の質問ですが、カバールとアライアンスの動きについて、最新情報は何かありますか？

ジョン　カバールとアライアンスの最新情報という意味では、6月に英国のコーンウォールで行われた「G7（アメリカ、イギリス、フランス、ドイツ、日本、イタリア、カナダで構成される政府間の政治フォーラム）サミット」が挙げられるでしょう。サミットにはカバールに操られているリーダーたちが勢ぞろいしましたし、日本の総理大臣も参加していましたよね。エリザベス女王もこのサミットに顔を出したことで、ニュースになっていましたね。ちなみに、エリザベス女王に関しては、私はすでに何年も前に本物の彼女は亡くなっていて、今の女王はクローンではないかと思いますね。
このサミットには、クローンのバイデンをはじめ各国の首脳が集まりましたが、皆でカバールに忠誠を新たに誓ったのがこのイベントです。では、彼らを操っているマスターは誰かと言うと、中国の習近平です。彼は皆にお金をばらまくために、「ペイ・マスター（Pay Master）」と呼ばれています。その言葉通り、各国の政治家たちを買収してお金を配るのが彼の仕事なのです。彼は、中国のGDPの半分の額を彼らに支払っています。ちなみに、G7の参加者たちは、プレスのカメラの前では、コロナのことを意識してソーシャルディスタンスを演出したり、握手の代わりに互いの肘同士をタッチさせたりしていましたね。他にも、プレスの前ではマスクをしたりしていましたが、カメラに映っていないところでは、お互いに抱きついてハグをしたり、挨拶代わりのキスをしたり、やりたい放題でしたね。

JOSTAR　カバールへの誓いを新たにしたのがG7だったというわけですね。中国が各国のリーダーを買収しているというのは、よくわかります。

CHAPTER2
コロナとワクチン問題について

カバールの最終目的は、コロナではなくワクチン

JOSTAR　では、ここからはコロナについて聞いてみたいと思います。日本でもすでにワクチン接種がはじまり、かなり普及しつつあります。アメリカではワクチン接種が浸透したことで、コロナに罹《かか》る人の数も減ったという報告もありますが、実際のところはどうですか？　果たして、ワクチンには健康に害を及ぼすような副反応はあるのか、などのお考えを聞かせてください。個人的には、ワクチンは5Gに反応するとか、マインド・コントロールされるなどの情報もあるので、危険なものだとも感じるのですが、いかがでしょうか？

ジョン

そうですね。まず、昨年からの世界的なパンデミックは、カバールが地球規模で人々を恐怖に陥《おとしい》れるための計画でした。具体的には、彼らはフェイク情報や世界の各都市のロックダウンなどを通して、約1年半もの間、この計画を遂行してきたのです。この一連の件の主な戦犯である米国立アレルギー感染症研究所の所長であるアンソニー・ファウチ博士やアメリカ大手の製薬会社のトップの人間たちの最終的なゴールは、新型コロナという病気を世の中に蔓延《まんえん》させるということではなく、人類にこのワクチンを打たせることでした。何しろ、新型コロナを怖がるほどに、人々は自ら進んで腕を差し出してワクチンの注射を打つわけですからね。けれども、このワクチンは実はとんでもなく危険な代物で、1つの生物兵器と呼べるものです。これは、中国共産党とアメリカの関連機関が協力して、武漢の研究所で開発されたものです。一応、名称は〝ワクチン〟と呼ばれていますが、いわゆる一般的な本物のワクチンではありませんので、絶対に打たないでください。

もちろん、私は医学的な立場の人間ではないので、本来なら医学的なアドバイスはできません。でも、これは医学的な問題ではないので、どんどん言わせていただきます。まず、「国家や企業が1人の人間に何かを強制することは、医学的な見地からの問題ではない」ということです。もし、そんなことが可能なら、そんな国家や企業は暴君であり、その行為は暴挙と言えるでしょう。

JOSTAR　確かに、日本でも選択の余地はありながらも、「ワクチンは打たなければならない」、という流れには向かっていますからね。

ジョン　はい。まず、これに関しては、基礎的な調査をすればわかることです。アメリカでは、どんな種類のワクチンを打つ際にも、打つ人には20ページにわたる書類が配布されます。この書類には、ワクチンによる副反応の情報が記されています。つまり、ワクチンを打つ人は、この書類に目を通す必要があるわけです。やはり、ワクチンの副反応次第では死ぬことだってありえるわけですからね。けれどもその書類には、「万が一何かが起きたとしても、本人や本人の家族を含めて何もクレームはできない」、などという条項も入っています。でも、この20ページに及ぶ詳細な資料などは、誰も詳しく読まないのが現状なのです。医師すらも読んでいないのではないでしょうか。

日本のワクチンのケースはわかりませんが、もし、日本人の方でご高齢の家族がいる方なら、その方にはワクチンを打たせないようにしてください。なぜなら、ワクチンによる副反応で死ぬ方がコロナに罹って死ぬリスクより高いからです。これは私が顕微鏡を覗《のぞ》いてウイルスを実際に見て確認したことです。今、アメリカでも多くの人がワクチンを打っていますが、リスクがあるとわかっていても、「旅行をしたいから、打たなくてはいけない」とか「子どもが打つから自分も打った方がいい」などという理由でワクチン接種を行っています。そして、その結果、深刻な副反応に苦しんでいる人が多いのです。

ナノレベルの金属が血栓を引き起こす

JOSTAR　ワクチンには、具体的には、どのような危険性があるのですか？

ジョン　ネットで、「Shocking Live Blood Analysis After Vax」と打って、検索していただくと記事が出てきますが（オリジナル記事はすでに削除済みで、拡散された記事のみ検出可能）、その記事には、ワクチン接種後の血液検査★の結果が報告されています。これは、医学の専門家でなくても、高校生程度の生物の知識があり、最新の顕微鏡があれば誰もが自分で確認できる血液検査です。

そのレポートによると、まず、人体から健全な赤血球を採取し、次にワクチンを接種して5分後の赤血球の動きと比べて観察してみると、ワクチンを接種した方は、赤血球の中にナノレベルの小さな粒が発生しているのがわかります。実は、これは金属です。そして、接種して24時間後には、このナノレベルの金属がどんどん増殖しているのがわかります。その後、これらが赤血球から離れ、他の場所にも移動していくのが確認できます。また、赤血球自体の形もゆがみはじめます。このナノレベルの金属は、体内でさまざまな臓器に広がり、血の塊である血栓を作ります。そして、この血栓が、いわば、〝銃の弾丸〟と同じような働きをするのです。つまり、この血栓が原因で心臓発作や脳梗塞になったり、肝機能が低下する肝不全や、腎臓の機能が低下する腎不全などを引き起こしたりするのです。

要するに、このワクチンには、「血栓を引き起こして人類を抹殺する」という意図があるのです。かつてCIAは、銃の中に氷で作った弾を入れて人を射殺するようなことをやっていましたが、氷の弾丸が体内で溶けたら証拠は残りませんね。それと同じです。ワクチン接種者が心臓発作をはじめ、さまざまな病名で亡くなったとしても、そのおおもとの原因がワクチン接種からはじまった血栓であることは突き止められないのです。もちろん、副反応として、死亡までには至らなくても、激しい疲労感で寝たきりになったり、突然、失神してしまったりなど、多くの不調を訴えている人は大勢います。これぞ、まさに生物兵器なのです。これは誰もが自分で調べられることなので、ぜひご自身でも調べてみてほしいのです。Qはいつも言っていますね。「自分で調べてください！」と。これからは、真実は自分で調べる、そんな時代です。そしてぜひ、あなたの周囲にいる高齢者やお子さんたちを、この生物兵器から守ってほしいと思っています。

★ ワクチン接種後の血液検査

「Shocking Live Blood Analysis After Vax」より

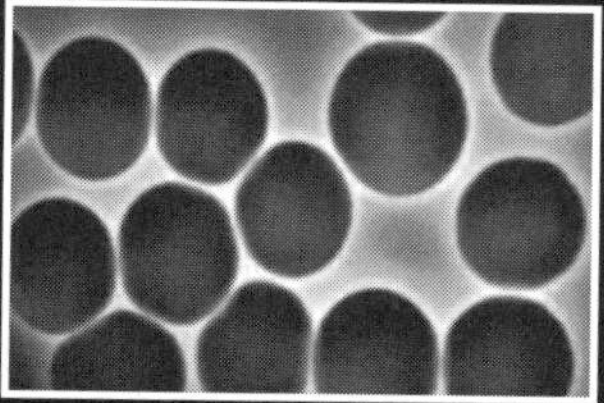

①ワクチンを打つ前の血液。健康的な赤血球の様子がわかる。

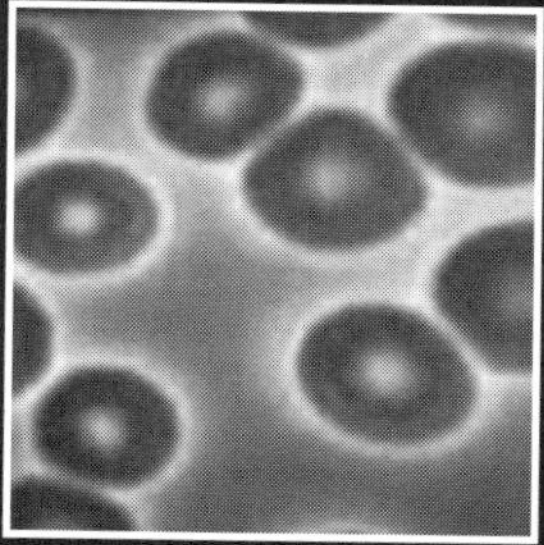

②ワクチン接種後の血液。赤血球の中に白い粒のようなものが入り込んでいるのがわかる。

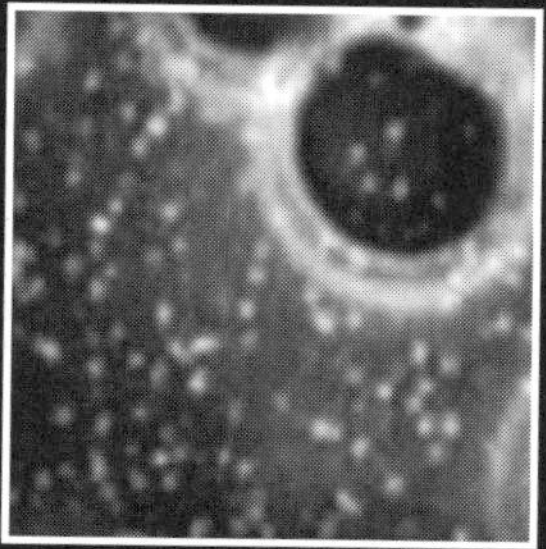

③ワクチン接種後24時間の血液。ナノ状の白い粒がどんどん増殖している。

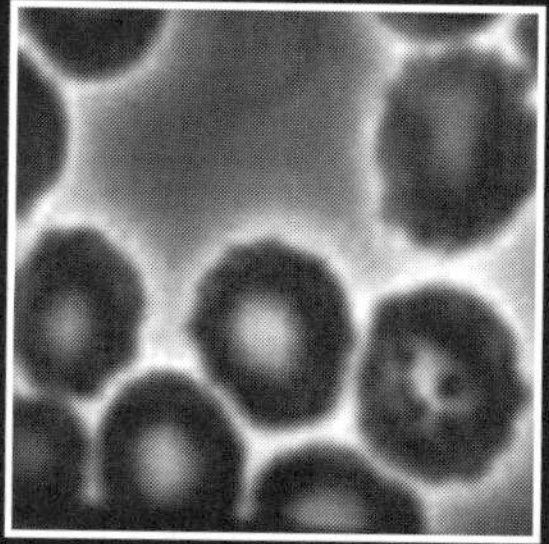

④ワクチン接種後48時間の血液。血栓が発生しているのがわかる。

＜画像：デソーザ氏提供＞

JOSTAR　画像などを見ても、その危険性がわかりますね。

ワクチン普及は10年前から計画されていた

ジョン　ちなみに、体内で増殖する金属物のことを〝ナノボット〟と呼びます。これがいわゆる、「スパイクたんぱく質」と呼ばれているものであり、ＤＮＡの中に入って自己増殖しながら体中に広がっていくので有害なのです。また、これは金属物なので、ワクチンを接種した腕の部分に磁石を当てると、磁石が身体に張り付いたままで落ちません。ナノボットが金属であり電磁波を発していからです。このナノボットは、やがて脳にも侵入すると脳の神経回路網にも影響を与えて、その人自身をコントロールするようになります。特に、「5G（第5世代移動通信システム）」が普及してくると、5Gの影響で脳を乗っ取るような機能を持つようにもなります。また、もし若い世代なら、女性は卵巣に、男性は精巣にも影響を与えてしまい、生殖能力も奪いかねません。

実は、このように世代を超えて人類を破滅に追いやる、ということはすべて過去に計画されていました。2010年には、「ロックフェラー財団」が「オペレーション・ロックステップ（Operation Lockstep）」という作戦をスタートしていますが、これがまさに、「パンデミックを利用してワクチンを世界中で普及させ、人類が子孫を残せないようにする」という計画です。いわゆる、人口削減計画の1つですね。

経済学者で実業家、慈善活動家のクラウス・シュワブという人が2010

年に執筆して２０２０年に再版した本、『コビッド19 グレート・リセット（COVID-19：The Great Reset）』は、コロナウイルスによる人口削減プランを説いた本です。クラウス・シュワブは「世界経済フォーラム」の創始者でもあり会長も務めていますが邪悪な人です。この作戦に参加した人物の中には、あのファウチ博士やビル・ゲイツなどカバールのメンバーが含まれます。かつて、あのヒトラーも１９２５年に発行した自著、『我が闘争』の中で、「これからユダヤ人を殺します」と宣言したわけですが、当時は「そんなひどいことは、本の中で言っているだけだよね」と誰も本気で信じなかったわけですが、実際に実行しました。同様に、カバールのメンバーたちも、本を書くときは最初から本気であり、フィクションではないのです。

ＪＯＳＴＡＲ　怖いですね。クラウス・シュワブの「グレート・リセット」についての話は、聞いたことはあります。

情報を鵜呑みにせずに、自分でリサーチして

ジョン

では、なぜ、彼らがグレート・リセットを提唱するのかというと、一言で言えば、「人類の目覚めを阻止するため」です。今回のパンデミックにより、世界中の人々は行動を自粛し、自宅に籠もることになり自由を失いました。このように、人類を奴隷・囚人化することが彼らの目的だったのです。皆さんは、いつかコロナが終息すれば、すべてが元通りになると思っているかもしれませんが、そういうわけにはいきません。ずっとこのままの状態を続けるのが彼らの計画なのです。

もちろん、私の言葉も鵜呑みにしないでくださいね。自分自身で調べて、真実を知ってください。真実を知ると、自分の命だけが救われるだけでなく、広く情報発信をすることで、多くの命も救われるのです。ジョウ☆スターさんのように若い人たちこそ、率先して情報を皆に伝えていってほしいと思っています。私がこのようなことをお話しすることで、信じる・信じないは置いておき、各々が自分でワクチンのことを調べるきっかけになっていただければと思っています。

JOSTAR　そうですね。僕も日々の配信でこれらのことを伝えていければと思っています。ちなみに、ワクチンは製薬会社によって違いがあったりしますか？ ファイザー、モデルナ、アストラゼネカなど何社もがワクチンを提供していますが、どのワクチンも、先ほどおっしゃっていたナノボットのような動きをするのでしょうか？ 成分的には同じですか？

ジョン　はい。残念ながら、製薬会社の違いにかかわらず、すべて同じ構成であり、同じように設計されたものです。共通しているのは、スパイクたんぱく質です。真正のワクチンなら、スパイクたんぱくが合成されても不活性になるので無害になるはずなのです。今回のコロナのワクチンは、これがすべて活性化されて、ナノボットの動きが発生するのです。先ほども言いましたが、アメリカにおけるワクチン接種時の20ページにわたる注意書きの書類は、製薬会社からの〝罪の告白〟のようなものです。でも、もし何かが起きたとしても製薬会社は罰せられず、一切の責任を負わなくてもいい、という記載があります。そんな合意を事前に政府と行っているわけです。とても危険です。ですから、製薬会社にかかわらず、ワクチンは打たないようにしてください。

JOSTAR　わかりました。

“ワクシデント”には気をつけて

ジョン

今、アメリカでは「ワクシデント（vaccident）」という言葉があります。これは「ワクチン（vaccine）」と「アクシデント（accident）」を掛け合わせた造語なのですが、「ワクチンによって引き起こされるアクシデント」のことを意味します。現在、アメリカでは車を運転中に突然、失神が起きたり、具合が悪くなって事故を起こす、というようなことが頻発しています。他にも、機械を扱う職業の人、たとえば、ビルを解体するような人なども突然、作業中に失神することで、結果的に事故につながったりすることがアメリカ中で起きています。これらは、原因不明の不調などといわれていますが、誰もワクチンのせいだと言いません。

他には、航空会社でもこのような問題が起きていますね。パイロットやCA（客室乗務員）たちはワクチンを義務づけられますが、彼らは、常に高度の上空で気圧の変化を身体で受け止めている人たちです。実は、気圧に変化があると、血栓が体内をより移動しやすくなってしまいます。そこで、飛行機を操縦中のパイロットや機内サービス中のCAたちは、機上で体調に異変が起きたり、失神したり、場合によっては亡くなる人も出てきているのです。今、航空会社はこの問題のために緊急会議を開いています。このような状況は、今、問題化されはじめましたが、今後も大きな影響が出てくるはずです。

JOSTAR

危険性が問題化されるのはいいことですね。ところで、今年の5月半ば以降から、なぜか再び「コロナは武漢から発生した、もしくは武漢で人工変造された」という〝武漢説〟が再燃しはじめたのには何か理由があるのですか？

この問題は、しばらく収まっていたのに、再び今年の5月くらいからニュースになりはじめましたよね？

武漢説が再燃したのは逮捕者が出はじめたから

ジョン　はい。この話がなぜ再び浮上したのかというと、ここ半年間でこの件に関わった多くの関係者たちが逮捕されたからです。逮捕されたのは、中国共産党と協力して武漢のラボでワクチンを開発することに協力した人物たちです。彼らが逮捕されたことで、この事実が明るみになり、武漢ラボ説が再浮上したのです。言ってみれば、コロナウイルスもワクチンも生物兵器であり、そのはじまりは、すべては中国共産党にルーツがあるということです。もちろん、彼らはこの生物兵器を全世界に向けてだけでなく、自国民にも使用しました。中国にとっても自国の人口を減らせることは一石二鳥なのです。

JOSTAR　武漢説が再燃したのは、逮捕者が出たことが関係していたんですね。

ジョン　はい、そうです。中国共産党はトランプを挑発して、自国に対して宣戦布告をさせようと仕向けたのですが、トランプはその手には乗らず、その代わりに彼らに向かってこう言いました。「アメリカは、中国に10兆ドルを請求しますよ！」、と。つまり、中国共産党が仕掛けてきたことに戦争で立ち向かうのではなく、賠償請求をしようとしたのです。彼はもともとビジネスマンですからね。こうして中国の思惑ははずれたのです。

JOSTAR　トランプはその手に乗らなかった、ということですね。ちなみに現在、コロナはイギリス、南アフリカ、ブラジルからの数種類の変異株などが日本でも広がりはじめていますが、これについてはどうお考えですか？

ジョン　変異株についても、先述の本、『コビッド19 グレート・リセット』や、ロックフェラー財団の「オペレーション・ロックステップ（Operation Lockstep）」のレポートに、すべて書かれています。要するに、まず、パンデミックである程度の死者が出て、それを防ぐためのワクチンを出し、ワクチンによりさらに死者を出すということ。そして、変異株を出して、新たに死者が出ると、そのための新しいワクチンを開発する、という〝いたちごっこ〟のような繰り返しが計画されているということです。この連鎖は、私たちが止めようとしない限り、10年くらい続くようです。この期間中に、最大限の死者を出して、都市のロックダウンをできる限り実施する、というわけです。

繰り返しになりますが、コロナに関しても、ワクチンに関しても、ごく一般の常識があれば誰もが判断できることです。たとえば、マスクではバクテリア（細菌類）などは防げますが、粒子の小さいウイルスは防ぐことはできません。こんなことも、高校生レベルの生物の知識があればわかることです。私たちにマスクを強いるのは、別の目的があるはずです。ソーシャルディスタンスも同様です。というのも、ソーシャルディスタンスを保っても、ウイルスの飛沫は止められません。

今、アメリカでは、名物司会者の国民的トークショー番組などにゲストで出るような著名な医師たちが、徐々にカミングアウトしてワクチンの危険性を暴露しはじめています。彼らは医師免許がはく奪されるリスクを冒しながらも、真実を伝えはじめているのです。アメリカの医師学会はカバールに支配されているので、本来ならそんな危険は冒せないのですが、それでも心ある医師たちは人類の命を救うためにカミングアウトしはじめているのです。ワクチンについて警告を発信しているシェリー・テンペニー（Sherri J.

Tenpenny）博士などもその1人ですね。

パンデミックはこのまま永遠に続く!?

JOSTAR　日本でも危険性を指摘する医師もいますが、やはり少数派です。このカミングアウトの波が大きくなっていくといいですね。そうすると、このパンデミックは結局、いつまで続くのでしょうか?

ジョン　永遠に続きます。人類から自由を奪う、というのが彼らの計画だからです。何しろ、ここでストップさせると、これまでの努力が水の泡になってしまいます。ここまで人々に恐怖を与えることに成功しているのですから。こんなにうまくいっていることをやめるわけがありません。一時的にストップさせることはあるかもしれませんが、彼らは完全にこの状況を手放すことはないでしょう。

JOSTAR　２０４５年には、「シンギュラリティ（ＡＩが人類の知能を超える技術的特異点）」に到達するといわれていますね。これはヒトラーが計画していたという説もありますが、２０４５年頃までこの状況は続くと見ていいでしょうか？

ジョン　はい、そう思います。シンギュラリティについてはアメリカ人の実業家で未来学者、思想家でもあるレイ・カーツワイルも有名ですね。彼は、人体に何らかの形でナノボットを注入すると、それがシンギュラリティを促進する、という説を唱えています。これは、ナノボットによって脳の周囲に神経回路ができると、脳の潜在能力を１００％アップさせることができる、という話です。これが可能になると、エーテル界からたくさんの知識や情報をダウンロードできるようになり、さらにシンギュラリティに近づくことができる、ということらしいです。

JOSTAR　ヒトラーは、超人、いわゆる神に近い存在という意味の「ユニバーサル・ヒューマン」とか「ゴッドメンシュ（神人）」を人口削減した後に誕生させようとしていたようです。エイリアンとのハイブリッドなどもこのような存在の中に含まれるのではないかと思いますが、そのあたりについて何かご存じですか？

ジョン　そうですね。ヒトラーの「ユーベルメンシュ（超人の意）」の計画については知っています。これは、先ほどのカーツワイル氏の説と似ていますが、要は、カバールたちがこの考え方を悪用しようとしているのです。たとえば、ナノボットによって脳の周囲に神経回路網はできるのですが、これによって高次の脳機能を活性化させようとしているのではなく、その反対に、脳の機能をシャットダウンさせようとしているのです。このようにして、彼らは超人どころか人類のゾンビ化を狙っているのです。今後、このままいけば、地球上のある一定数の人間がゾンビ化する恐れもあるかもしれません。

JOSTAR　その1つの方法が、ワクチンということでもあるのですね。

CHAPTER3

パンデミックの次にやってくる地球侵略計画

トランプ＝サトシ・ナカモト!?

JOSTAR　では、ここから少し話題を変えたいのですが、金融リセットなどについてお聞きしてみたいです。その後、「ネサラ・ゲサラ★（NESARA GESARA）」について何か最新情報はありますか？

★ネサラ・ゲサラ
古い金融システムから新しい時代の金融システムへと変わること。「ネサラ（Nesara：National Economic Security and Reformation Act 国家経済安全保障改革法」はアメリカ国内に向けて、「ゲサラ（Gesara：Global Economic Security and Reformation Act 地球経済安全保障改革法)」はグローバルレベルでの変革のこと。

ジョン

ネサラ・ゲサラに関しては、今はお伝えできるほどの最新情報はありません。ただし今後、ネサラ・ゲサラの時代を迎えるにあたって、お金の概念が変化していきますが、将来的に今よりもさらに「暗号資産（仮想通貨）」がよりメジャーな存在となり大きな役割を担っていくはずです。たとえば、「ビットコイン」や「イーサリアム」などの暗号資産市場はもっと成長していくでしょう。というのも、暗号資産とは、中央銀行とその在り方に挑戦するような概念の下で誕生したものだからです。

実は、余談になりますが、少し前に私はある夢を見ました。夢の中にトランプが出てきて、私に1枚の紙切れを差し出してきたのです。その紙には「トランプ＝サトシ」と書いてありました。このサトシという名前は、ビットコインを開発した日本人のサトシ・ナカモト★さんのことだと思われます。そこで、私は夢から覚めた後、その日のうちに、所有していた金《きん》をある程度、ビットコインとイーサリアムに換えたのです。これは皆さんへの投資アドバイスではありません。あくまでも私個人が行ったことをお話ししているだけです。とにかく今後、金融リセットやネサラ・ゲサラに関しては、暗号資産市場が大きく関与してくるのは間違いありません。暗号資産は、さまざまな理由から金よりも重要な価値を持つものになってくるはずです。将来的には、ビットコインが金に代わり、イーサリアムが銀に代わる時代がやってくるはずです。皆さんもご自身で調べて、資産管理をされることをおすすめします。

★サトシ・ナカモト

ビットコインの生みの親と呼ばれている匿名の人物であり、個人なのか集団なのか、などの正体も不明。2008年にビットコインのアイディアや仕組みをまとめた論文をネット上に公表。2009年にはビットコインのソフトウェアをネット上に発表し、ビットコインの最初の採掘を行い運用が開始された。

JOSTAR　なるほどですね。暗号資産もですが、すでに日本でも現金が電子マネーに取って代わるようになってきつつありますね。実は先日、三軒茶屋のラーメン屋に行ったら、すでに現金が使えませんでしたね。街のラーメン屋さんで現金が使えないことにびっくりしました。

ジョン　街のラーメン屋さんというのが面白いですね！

JOSTAR　今では日本の飲食店でも、スマホ決済などが結構導入されていますね。それに代わって、銀行の店舗が支店間で統合されたり、窓口が閉鎖になったりすることが多くなってきました。

ジョン　それはいい傾向だと思いますよ。ただし、ちょっとトリックもあるのです。おっしゃるように、アメリカでも多くの店舗やレストランなどがビットコインやイーサリアムによる決済を導入してきています。でも、これは実はおかしな話なのです。というのも、ビットコインやイーサリアムは〝通貨〟ではなく、金や銀のような〝資産〟だからです。しかも、どんどん価値が上がってきているものなので、そのような資産を現金代わりに日常的に使用するのは、ちょっとおかしいのです。それこそ、日々の生活の支払いには、これから価値が下がっていくUSドルや円などの貨幣通貨を使用しておくべきだと思いますね。長期的な視点では、暗号資産の価値はさらに上がっていくと思われます。

緊急放送では軍事裁判の様子が流れる!?

JOSTAR

今後の資産運用の参考になります。次に、「緊急放送システム（ＥＢＳ：Emergency Broadcast System）」について聞きたいのですが、これは実際に行われる予定ですか？　現在、日本でも米軍基地を介してテスト信号が発信されているようですが……。たとえば、日本でも、ＴＶの画面がカラーバーになったりとか、ホワイト画面になったりとかすることもあるようです。他にもＴＶの画面にツバメのマークが写ったりしてテストが行われているようです。ちなみに、ツバメのマークは、アークトゥリアンの星のシンボルにも似ている、などという噂もあります。そんな画面がネット上ではシェアされたりしています。これについてどう思われますか？

ジョン

緊急放送に関してですが、アメリカでは、近い将来、まもなく行われるといわれていますね。そのときには同時に「非常事態宣言」も発令されるのではないか、といわれています。その際には、テレビ以外のネットなどあらゆるコミュニケーションツールが一時、使えなくなるはずです。そして、問題の放送内容ですが、それがいわゆる軍事裁判の様子です。グアンタナモをはじめとする軍事基地で社会の敵に対する裁判が行われていますので、それが世界中に向けて放送されるわけです。皆さんは、軍事裁判の様子のすべてを動画で見ることができるでしょう。クリントン夫妻、ジョージ・ソロスなどの裁判の様子も流されるでしょう。もしかして、処刑の様子も映し出されるかもしれません。また、放送は他所から邪魔されたり、干渉されたりすることなく、ずっと流し続けられるでしょう。日本の場合は、英語で流されるので、通訳や翻訳のデバイスを準備しておく必要があるでしょうね。

JOSTAR　緊急放送は、やはり行われるんですね。そういえば今、東京都知事の小池百合子さんが体調を崩して公務を休んでいます（対談収録時は6月下旬）。彼女はあのジョージ・ソロスとよく一緒に写真を撮っていたんです。もう少しすればオリンピックがあるというのに、都知事が不在になっているという状況です。もしかして、彼女が復帰するときは、クローンになって戻ってくるかもしれません（笑）。

ジョン　きっと、小池さんはワクチンを打ったのでしょう。それが、体調が悪い原因なのかもしれませんね。それにしても、東京オリンピックがはじまるとなると、それを理由に、さらにワクチン接種の普及が促されるはずです。それは、よくないですね。今、多くの人が謎の病状に苦しんでいますが、小池さんもその1人かもしれません。ただし、こういった状況は、誰も本当のことを説明しないので、真相は明らかになりません。

JOSTAR　ワクチンに関しては、今後、時間の経過とともにいろいろな影響が出てきそうですね。ところで直近の「デクラス」においては、何か機密情報などの開示はありましたか？　日本ではUFO情報が出てきているようですが……。

ジョン　はい。実は、アメリカ議会から出たばかりのデクラスに関するレポートをちょうど読んだところでした。けれども、その内容ときたら、わずか7ページでまったく中身のないナンセンスな報告書でした。たとえば、「UFOは国家的な脅威である」とか、そんなことしか書いてありませんでしたね。実は、アメリカのある番組から出演依頼が来ていて、今回のデクラスに関してのコメントをすることになっているのですが、出演するのをためらっています。なぜなら、あまりにもどうでもいい内容しかなかったからです。でも、密かに本物の情報もあるんですよ。

パンデミックが失敗なら、ニセのエイリアン地球侵略計画を実行!?

JOSTAR　そうなんですか？　ぜひ、それを知りたいですね！

ジョン　いわば、「すべてはつながっている」ということです。先ほど、ジョウ☆スターさんはこのパンデミックはいつ終わるか、と質問されましたね。私は「永遠に終わらないでしょう」と答えましたが、もし、彼らのパンデミック計画が失敗に終われば、カバールは次の作戦を準備しています。それが、いわゆるあの「TICTAC★《ティックタック》」です。皆さんも、TICTACについてはすでご存じのはずです。アメリカ空軍が公開したＵＦＯとおぼしきビデオを見たことがあるのではないでしょうか。ＵＦＯには丸型、長方形、シリンダー型、三角形のＴＲ３Ｂ型のものもありますが、すべて米軍製のものです。問題の映像は、まるで１９５０年代のもののようなバカバカしい映像ですが、彼らは、国防省や議会に「これは本物だ」と報告しているわけですね。でも、そのレポート内には、「これはアメリカへの脅威だ」と伝えているだけで、何も開示されてはいません。

★
TICTAC

パンデミックが失敗なら、ニセのエイリアン地球侵略計画を実行!?

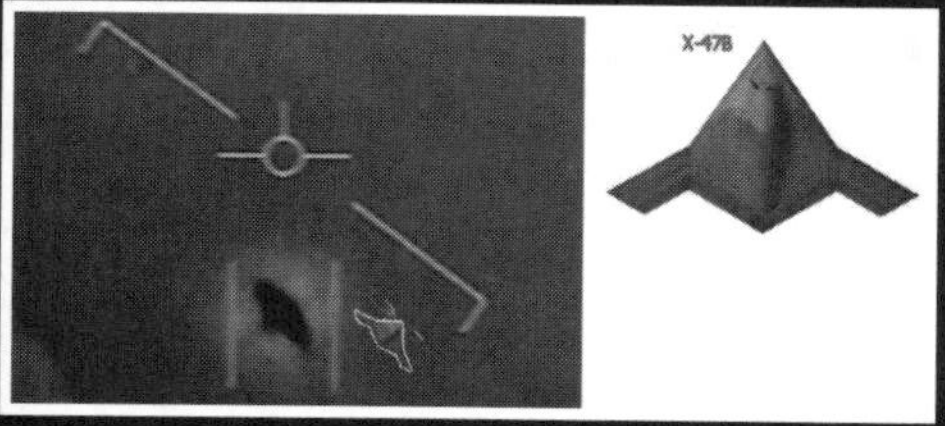

2004年と2015年に海軍が撮影したUFOだと思われる映像で
その形がアメリカのお菓子、ミントのキャンディの「TICTAC」
に似ていることから名づけられた。ペンタゴンが「未公開の
飛行物体である」と認め、大手メディアもこぞって、「本物
のUFOではないか」と一斉にニュースを流した。けれどもこ
れは、海軍の航空母艦「ニミッツ」で行われたUFOに見せか
けた軍事用最新ドローンの実験だったといわれている。また、
TICTACの形に見えるサイズは戦闘機のサイズと類似している
他、撮影された画像は海軍が開発したステルス無人戦闘攻撃機
X47Bにも類似している。

<画像：デソーザ氏提供>

このＴＩＣＴＡＣは、ペンタゴン、海軍、その他大手民間企業のダークサイドが進めているキャンペーンであり、資金が無限に注がれているトップシークレットの作戦です。ただし、このＴＩＣＴＡＣはアメリカの超兵器でもあり、このＴＩＣＴＡＣの存在があるからこそ、中国がアメリカを軍事攻撃できないのです。基本的にＴＩＣＴＡＣは、破壊能力も高い性能を持った最新兵器であり、ロズウェル事件のＵＦＯからリバースエンジニアリングで作られた機体です。これらを用いて、宇宙人による人類へのニセの攻撃★を仕掛けようとしているわけです。

パンデミックが失敗なら、ニセのエイリアン地球侵略計画を実行？

★

宇宙人による人類へのニセの攻撃

IF YOU THINK THIS WAS BAD....
WAIT TILL THEY FAKE AN ALIEN INVASION

パンデミックによる人類への攻撃が失敗した場合は、最新兵器であるTICTACを用いて、エイリアンが人類へ攻撃を仕掛ける、というニセの一大イベントが起きるかもしれない。ある意味、形を変え、スケールを大きくした9.11のようなものになるかもしれない。

＜画像：デソーザ氏提供＞

これが最新の「ＵＦＯ学」の現状ですが、今、ＵＦＯの世界では光と闇の闘いが起きています。こんなふうに、カバールはＴＩＣＴＡＣで人類にダメージを与えようとしている一方で、軍部の良い人たち、いわゆるホワイトハットたちは彼らに対峙しているのです。また、日本の自衛隊をはじめ世界中の軍部の良い人たちも協力しています。彼らは今、支配権を取り戻そうとしています。それが今起きている闘いであり、新しい動きです。

現在、私はアメリカでＵＦＯ現象を調査しているグループ、「Third Phase of Moon ★」というグループとやりとりをしていますが、彼らはアメリカのYouTubeのＵＦＯ関連チャンネルの中で最大の視聴者数を持つグループです。彼らと共に、大手メディアがＴＩＣＴＡＣについてそこまで取り上げるならば、もう本当のＵＦＯ情報を公開すべきだということで、ブラジルや日本からの本物のＵＦＯ動画などをＣＮＮなどに持ち込んだのですが、大手メディアは「不明点が多い」とか「信憑性《しんぴょうせい》がない」と一切、興味を示しませんでした。彼らはＴＩＣＴＡＣしか取り上げないのです。これも大がかりな彼らの作戦の一部だと言えるでしょう。

★Third Phase of Moon

アメリカ最大のUFO関連情報の専門チャンネル、「サード・フェイズ・オブ・ムーン(Third Phase of Moon)」。2008年にチャンネル開設後、YouTubeでは、約80万人のチャンネル登録者数を持つ。チャンネルは、「thirdphaseofmoon」で検索。

ＵＦＯ情報は政府関係者には提出しない方がいい⁉

ＪＯＳＴＡＲ　そうなんですね。ところで、ＴＲ３Ｂと思われる機体が日本の横田基地にも来ているという噂があるのですがいかがでしょうか？　たとえば、そのような光景に出くわしたときにその機体の映像や写真などを撮った場合、罰せられたりするのでしょうか？

ジョン　ＵＦＯなどを録画したり、写真を撮ったりする場合、それらを誰に対して提出するかについては注意する必要がありますね。というのも、政府関係者に

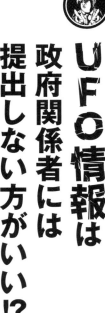

提供する場合は、あまりいい結果に終わらないことが多いからです。また、このような情報を集めている民間団体もあります。実は、そのような団体はカバールに支配されていることも多いのですが、彼らは、情報提供者が誰であるかなどについても調査しますね。なぜなら、人間がＵＦＯやエイリアンに接触すると、特殊能力が発現する場合があるので、彼らはそういった能力についても知りたがるためです。

ＪＯＳＴＡＲ　提出する先がどこか、という問題はありますね。ところで今、僕の周囲を小さな虫が飛んでいて、ジョンさんの方にも虫が飛んでいたようなので、盗聴されているかもしれません。

ジョン　……⁉

ＪＯＳＴＡＲ　いや、ちょっとしたジョークです（笑）。

ジョン　この世界は多次元ですから、そんなこともあるかもしれませんね（笑）。エイリアンやハイブリッド関係の最新情報といえば、今、ある最新の動画が出回っています。それは、カバールが支配する地下の軍事基地での様子を映した映像ですが、軍事基地からたくさんの子どもたちを兵士が救出したときに撮ったもののようです。実は、映像の中に、ある犬のようなバケモノみたいなハイブリッドが兵士たちを襲う様子が映し出されていました。兵士たちが真っ暗な地下の中でグリーンライトを用い、手りゅう弾を投げてそのバケモノを退治しようとしていたのです。それは、エイリアンというよりも、何かハイブリッドの交配種のような生き物でした。

JOSTAR　それは、ぜひ、見てみたいですね！

すでに地球人の2割がエイリアン!?

ジョン

こんな感じで、今はまだまだ公になる情報や報告書などは少ないのですが、アメリカ人の偉大なる思想家で作家のジョセフ・P・ファレル★氏は、「今後は、本物の報告書などがどんどん上がってくるはず」と語っています。その中には、「UFOが地球外から来ている」ということや、「エイリアンたちは、すでに自由自在に地球に出入りしていて、地球にいるときには人間の形を取っている」こと。加えて、「すでに全地球人の2割が宇宙人である」というようなことも、ペンタゴンが議会に提出する時期がいずれ来るはず、と言っています。

★ジョセフ・P・ファレル（Joseph P. Farrell）
アメリカ人思想家、作家。『Transhumanism: A Grimoire of Alchemical Agendas』他著作も多数。YouTubeでは、「Giza Death Star Community」というチャンネルを運営している。

JOSTAR　いろいろと明らかになってくるわけですね。ちなみに、地球人に紛れ込んでいるエイリアンは、どうやって見分ければいいんですか？

ジョン　ジョセフが言うには、唯一、宇宙人を見分ける方法は、遺伝子や染色体を摂取してそれを調べるという方法しかないそうです。これについては、私もそう思いますね。とにかく、近い将来、そのような情報も出てくるはずですよ。

JOSTAR　そうすると、いわゆる正式なディスクロージャーは、いつくらいになりそうですか？

ジョン　ディスクロージャーは遠くない将来には起きるのではないかと思いますが、私たちが思っている形では起きないでしょう。というのも、ディスクロージャーを行う政府はカバールのあやつり人形であり、先述の「TICTAC」でもご説明したように、「エイリアンによる偽りの侵略」を世界の各都市に対して行うかもしれないからです。これは当然、ニセモノのシナリオです。ただし、そのとき、本物の良いエイリアンが姿を現して人類を助けてくれるのではないかと思われます。つまり、そのような形でディスクロージャーが行われるのではないかと思われます。

JOSTAR　となると、偽りのディスクロージャーが行われる際に、本物のディスクロージャーがあるのかもしれない、ということですね。ところで、すでにエイリアンが地球人に混ざっているとのことですが、その種類はどれくらいあるのでしょうか？　巷《ちまた》の情報では、全部で１１０種類くらいいるともいわれていますが、いかがでしょうか？

ジョン　まず、ジョセフ氏の言うように、地球人の全人口の１～２割がすでにエイリアンではないかと思われます。ただし、これに関しても、現在ＴＩＣＴＡＣキャンペーンを推進しているグループが、「地球にいる１～２割のエイリアンが人間を滅ぼそうとしている。だから、彼らを見つけ出せ！」というようなことを言いはじめるかもしれませんね。もちろん、これもネガティブなキャンペーンになるでしょう。

そして、エイリアンの種類についての回答ですが、現在、多くの人が時間を費やしてエイリアンの種類を分類していたりしますね。そんな人たちには申し訳ないのですが、私からすると、エイリアンの種類は２種類だけです。それは、人類の味方であり、人類の進化をサポートするいいエイリアンか、あるいはその反対で人類を憎み、人類を滅ぼしたいという意図を持つ悪いエイリアンの2種類だけです。邪悪な種類には、レプティリアン、マンティス（カマキリ型）などがいますし、人類の味方には、ノルディック（北欧系型）などがいます。グレイタイプは良い存在、悪い存在の両方が存在します。

そして、すべてのエイリアンはシェイプシフターです。彼らは、着ている衣服も一瞬で変えられるし、見かけや自分の種さえも一瞬で変えられます。大事なのは、彼らの見かけや姿形ではなく、〝意図〟なのです。だからこそ、彼らに遭遇したときは、スピリチュアルな観点から、つまり、ご自身のハートチャクラを使って彼らのことを見抜いてほしいのです。もちろん、彼らがどのような行動を取るかも注意して観察してください。

JOSTAR　自分の目でエイリアンを判断するということですね。では、エイリアンと人間の交配種であるハイブリッドの方はいかがですか？　すでに、昔から実験などはされてきているようですが……。

「地球空洞説」を潰すために「地球平面説」が登場した

ジョン

ハイブリッドも、すでにかなりの数が存在していると思われますが、基本的に彼らも隠れているので、はっきりとした数はわかりません。そのうち彼らもカミングアウトして表に出てくると思われます。その際、ハイブリッドが悪い意図の下で活用されているのなら、かなり怖いことになるかもしれません。ただし、こういった場合に関しても、私たちは恐怖を手放すべきです。やはり、人類の味方になってくれるハイブリッドたちとは手を組まなければならないからです。

JOSTAR　わかりました。エイリアンにしてもハイブリッドにしてもカミングアウトする時代が近い将来、訪れそうですね。ところで少し話題は変わりますが、地球は平たい、という「フラットアース説」についてはどう思われますか？
地球は丸いのではないでしょうか？

ジョン　はい。まず、地球は丸いのが正しいです。実は、この地球平面説は10年くらい前から、いろいろな人がこの説を唱えはじめたのですが、これには理由があります。これは、「地球の内側は空洞になっている」という事実を否定するために、この説が流布されはじめたのです。実は、地球の内側には広大な空間が広がっていて、太陽系がまるごと収まるくらいの非物質の5次元空間が存在しているのです。地底に深く潜っていけば、そのような空間に到達することも可能です。

これは、すでにいろいろなソースからもわかっていることです。たとえば、南極における「ハイジャンプ作戦★」で指揮を執った海軍のバード提督の日記にも、この地球空洞化のことが書かれています。この事実が人々に発見されることを懸念したカバールは、代わりに地球平面説を出すことで、この地球空洞化説もひっくるめてすべてウソであるとするために、あえてこの理論を持ち出したわけです。

JOSTAR　そうだったんですね。では、地球は丸いということで正しいのですね。

★ハイジャンプ作戦

１９４６年から47年にかけて、リチャード・バード少将が指揮を執った大規模な南極観測プロジェクト。実際には、ナチスやドイツの秘密結社の基地を探して破壊することが目的だった。人員規模は４７００人、13隻の艦船と多数の航空機により支援されていたが、ドイツ側にはダイレクトレーザー兵器や、高速の宇宙船などを備えていたことからアメリカ側は不利になる。

UFOが飛来する「ポータル現象」は増えている

JOSTAR　ところで、上空にポータルが開き、その空間を通って別次元からUFOが飛来してくるという「ポータル現象」は、最近は起きていますか？　VOL・1の本では、世界各地で起きているこの現象について詳しくご紹介していましたね。昨年の時点ではだんだん減ってきているようだとおっしゃっていましたが……。

ジョン　実は、ポータル現象は減るどころか増えているようです。それも、あらゆる国で増えていて、私の元へもこの現象の写真や動画などがたくさん送られてきています。最新のものでは、ハワイからのものだったと思いますが、上空の赤い雲の真ん中がパカッと開き、そこからポータル現象が起きるというものでした。赤い雲の様子が、まるで火山のように見えるすごい映像でしたね。

でも実は、ポータルが開いた状況下で起きている現象は肉眼では捉えにくいのです。たとえば、ポータルが開いた場所から、小さなＵＦＯの集団がこちらに向かって高速で飛来してきている、みたいなことはなかなか普通の肉眼では捉えられません。ただし、この状況の瞬間を連写で何枚も写真を押さえていたとしたら、後でその時の様子がはっきりとわかったりする、というような場合も多いのです。

ＪＯＳＴＡＲ　ポータル現象は減るどころか、増えてきているんですね。ＵＦＯは別次元からやってきているということですが、では、時空間を移動する「テレポーテーション」の技術は現在、どこまで進んでいますか？

テレポーテーションは火星への行き来に使用されている

ジョン

テレポーテーションに関しては、YouTubeなどでも次のような動画を見たことがあるかもしれませんね。たとえば、「ある道を歩いていた人が、突然、パッと消えていなくなったかと思えば、次の瞬間に、まったく違う道で消えた人がパッと現れる」というようなものです。現在、すでにテレポーテーション技術は実在して、今は宇宙空間を移動する際に活用されています。

具体的には、「ジャンプパッド」という技術があるのですが、これは、ある特定のステージに立つと、そこから別の場所に移動できる、というものです。その技術は現在、地球から火星に人を送ったり、火星から人をこちらに戻したり、など火星との行き来に使用されていたりします。すでに現在では、ロケットによる移動よりも、このジャンプパッドを使用する方が実用的なようです。これがいわゆるテレポーテーションの技術です。

JOSTAR　テレポーテーション技術も、すでに火星への行き来に実用化されているんですね！

ジョン　はい。カバールは、私たちの１００年先を行くような技術を所持しています。すでにご存じだと思いますが、量子レベルでヒーリングを行う医療用のメド・ベッドの他、ありとあらゆる治療法なども彼らは知っていますが、一般の民間人には、これらの最新テクノロジーは共有されません。これらをすべて公開すると、社会や経済が崩壊すると思い込んでいるからです。たとえば、先述のジャンプパッドが普及すると、飛行機をはじめ鉄道、自動車などの交通移動のすべての手段が必要なくなってしまい、関連産業が崩壊してしまいます。だから、こういった高度な技術は隠されたままなのです。

ちなみに今、起きていることは、これまでさまざまな映画などで予言されてきています。たとえば、ウォシャウスキー姉妹（ウォシャウスキー兄弟だった2人は、2人とも性別適合手術を受けて女性となり姉妹になる）が監督した『マトリックス』は、「この世界は仮想現実である」という仮説を、すでに今から20年も前に映画で描いていたことで知られていますね。また、『ジョン・カーター（原題 John Carter of Mars が後に John Carter に変更。アンドリュー・スタントン監督）』という映画がありますが、これは、これまで地球と火星との間で起きたすべての歴史が描かれている映画だったりします。さらに、同じくウォシャウスキー姉妹が監督した『ジュピター（原題 Jupiter Ascending）』という映画も、レプティリアンに関することやアドレノクロムについてのこと、カバールについてのことなどもよくわかる映画です。

JOSTAR　映画の中には、たくさんの真実が隠されていたりするわけですね。

その後の〝大いなる声〟との遭遇を教えて

JOSTAR　ところで話は変わって、前回のVOL・2の本で、ご自身の霊聴体験について書かれていましたね。何か危険が迫ったりすると、〝大いなる声〟が聴こえてきて助けてくれる、というようなお話でしたが、その後、このような体験は何かありましたか?

ジョン　はい、霊聴現象は常に体験していますよ。というのも、私はすでに大いなる声との関係をつくり上げているからです。言ってみれば、大いなる声は、私自身の一部です。その声は、〝過去の私〟なのか、それとも〝未来の私〟の声なのかはわかりません。時間はあらゆる方向へ動きますからね。私にとって大いなる声は、人類を助け進化させるため、そして、そのために私がやるべきことを伝えるための声として聴こえてくると言ったらいいでしょうか。

JOSTAR　ちなみに、最近はどのような体験をしたか教えていただけますか?

ジョン　たとえば、こんな体験がありました。ある日、ワクチンのリスクに関する証拠集めの作業を行っていました。ワクチンが人体にどんな影響があるのかについて、調べれば調べるほど、私も動揺してきて、気持ちも沈んでいったのです。何しろ、誰もワクチンの事実について耳を貸そうとしないし、知ろうともしないですからね。そんなもどかしさを感じながら、私はワクチンの危険性を伝えるための資料を作成していました。その時、突然、大いなる声が私に語りかけてきたのです。「なるべく多くの人に、これらの情報を伝えていきなさい。あなたの話に耳を貸さない人は、もう仕方がないです。それでもできる限り、1人でも多くの命を救いなさい」と。

JOSTAR　そうなんですね。まさに今回の本でワクチンの危険性が読者に向けて伝えられることになってよかったです。

日本人はスピリチュアルな民族

JOSTAR

ところで、日本についてもお聞きしておきたいのですが、日本はかつて「ジパング」と呼ばれた時代がありました。「失われたアーク（聖櫃《せいひつ》。モーセが神から授かったという十戒を刻んだ石板を納めた特別な箱）」の話ではないですが、将来、この日本から世界に向けて黄金時代がはじまる、という話もありますが、いかがですか？

ジョン

私が思うに、日本はスピリチュアルな国家であり、日本人はスピリチュアルな民族であるということです。皆さんは、私がお話しするような普通ではありえないような話を理解できる人々だと思います。これは、他の国や民族ではありえないことです。また、日本人は世界支配を目論む中国共産党や彼ら軍である人民解放軍の危険性についてもよく理解しています。だからこそ、そんな中国共産党に唯一対峙するトランプやホワイトハットのことを支持してくれるのです。

今後、日本では誰が総理大臣になろうとも、トランプやホワイトハットを支持してくれる人たちはたくさんいると思われます。中国共産党は、アメリカを支配した後は日本を支配しようとしています。だからこそ今、アメリカ軍と日本の自衛隊が連携して協力し合っていますね。これは、とてもいいことだと思います。私にとっても、日本は特別な国ですよ。

JOSTAR ありがとうございます。僕のチャンネルの視聴者の方たちもそうですが、日本にはトランプのサポーターたちが多いですよ。

ハイブリッド実験を行う プラムアイランドの秘密

JOSTAR　ところで、『X-ファイル』についてお聞きしたいのですが、僕も小さい頃は、兄弟たちと一緒にTVのゴールデンタイムに放映されていたこの番組をよく見ていました。そこで、まだこれまでに紹介されていない面白いエピソードがあれば教えてほしいのですが。

ジョン　はい。これまでに何度もお伝えしていますが、『X-ファイル』のエピソードは、ほぼ私が体験した実話がもとになっています。けれども、その中には

事実を捻《ね》じ曲げられて、本当はもっとすごい内容だったのに、そのすごさが薄まったようなエピソードもたくさんあるのです。実は、まだ公になっていないストーリーはあと5つあるので、それらについては、これから執筆などで明らかにしていく予定ですが、今日は、その中から1つをここでご紹介しましょう。

それは、「パラサイト（寄生物）」に関するエピソードです。実際には、『X-ファイル』の中でもパラサイトのストーリーはよく使われていたりもするのですが、パラサイトとは、人体に潜り込んで寄生する生物のことですね。ドラマなどではよく、パラサイトが寄生した人を乗っ取り、まったく違う人格になったりゾンビ化していったりする、というようなエピソードなどが紹介されていますね。

JOSTAR　パラサイトの話は、よく映画やドラマで使われますよね。

ジョン

はい。実はこのパラサイトに関して、私や同僚のＦＢＩ捜査官が実際に調査に関わったある怖《おそ》ろしいケースがあります。それは、ニューヨーク州のロングアイランドにあるプラムアイランド（Plum Island）という島で行われていたパラサイト実験です。プラムアイランドには、米国農務省が管轄する「動物疾病センター」という施設があるのですが、実はここでは政府やＣＩＡが秘密裏に遺伝子操作を行い、さまざまな種類のハイブリッドを生み出す実験が行われていました。そこで行われていたのは、非常におぞましい実験でした。

どうしてそのことが明らかになったかというと、実験で誕生したハイブリッドが施設から逃げ出して海で溺れてしまい、その結果、マサチューセッツの浜辺に奇妙な生き物の死体が打ち上げられることが頻繁に起きたからです。ビーチに打ち上げられたこれらの死体のせいで付近の住民たちが迷惑を被っていることから、私たちはこの施設を閉鎖しようとしたのですが、ＦＢＩにも阻止させられただけでなく、このプロジェクトにはＣＩＡや軍産複合体なども絡んでいたことから閉鎖は実現できませんでした。YouTubeなどで「プラムアイランド（Plum Island★）」と検索すれば、浜に打ち上げられた怪しいハイブリッドの死体などの情報がたくさん出てきますよ。

JOSTAR　そうなんですね。さっそく調べてみます。

★ プラムアイランド

＜ YouTube「Discovery」チャンネルから
「Plum Island Lab America's Most Secret: Structures」より＞

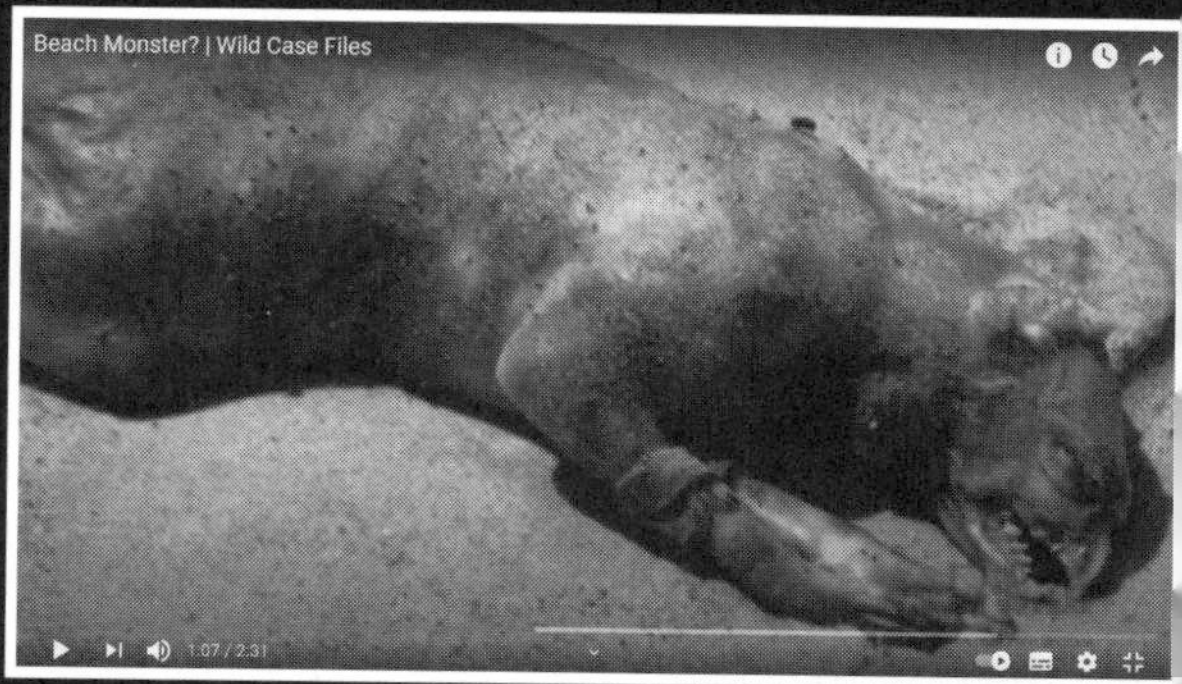

＜ YouTube「Net Geo Wild」チャンネルから
「Beach Monster? Wild Case Files」より＞

ニューヨーク州ロングアイランドにある島で、米国農務省
理する動物疾病センターの施設がある。ここで遺伝子操
されたハイブリッドの生き物の死体がロングアイランド
ントークの浜辺に打ち上げられたことで、「モントークモ
ター」と名付けられる。その他の浜辺にも似たような生き
死体がしばしば流れ着いていたという。

ここでは、今回の対談の中では語られなかったトピックについて、また、これまでの2冊の本ではまだご紹介していない、ちょっと面白くて興味深い話題について語ってみたいと思います。

予言が当たりすぎるのもダメ!? サイキック・ツインのケース

映画やTVドラマなどでは、サイキック（霊能力者）が警察の捜査に協力して事件を解決する、というような筋書きがよくありますね。

けれども、現実の世界では、サイキックの能力が高すぎることで、逆に当局からは敬遠されたり、つぶされたりしてしまう、というケースもあるようです。

アメリカには、有名なサイキックの双子の姉妹（テリー&リンダ・ジェイムソン）がいて、〝サイキック・ツイン〟という呼び名で知られています。

25年以上ものキャリアを持つ彼女たちは、これまで約3000もの予言をしてきていますが、予言が当たった有名なものとしては、2001年に起きたあの9・11や、2013年に起きた「ボストンマラソン爆破テロ事件（死者3人、負傷者282人）」などがあります。

その他にも、2015年にパリで数か所において130人の死者を出した「パリ同時多発テロ」、2016年に35人の死者を出したベルギーの「ブリュッセル爆発」、２０１６年に50人の死者を出したフロリダ州オーランドのナイトクラブで起きた「オーランド銃乱射事件」、２０１７年にネバダ州ラスベガスの音楽フェスティバル会場にて58人の死者を出した「ラスベガス・ストリップ銃乱射事件」などなど、数多くの世界的に知られるテロ事件についても事前に予言しています。

彼女たちの予言の手法とは、クレアボヤンス（霊視・透視能力）や高次元にアクセスすると、自動書記★のような形で情報が受け取れる、というものです。

実は、私も彼女たちと一緒に仕事をしたことがあるのですが、彼女たちはあまりにも予言が当たるからということで、逆に、カバールからターゲットにされてしまい、

9.11 をはじめ、国内外のテロ事件などの数々を次々に当てて一躍有名になったサイキック・ツインの姉妹。現在は、セレブリティを相手に占いや予言を行っている。
＜画像は YouTube より＞

リウッドのエージェントにマネジメントを断られる

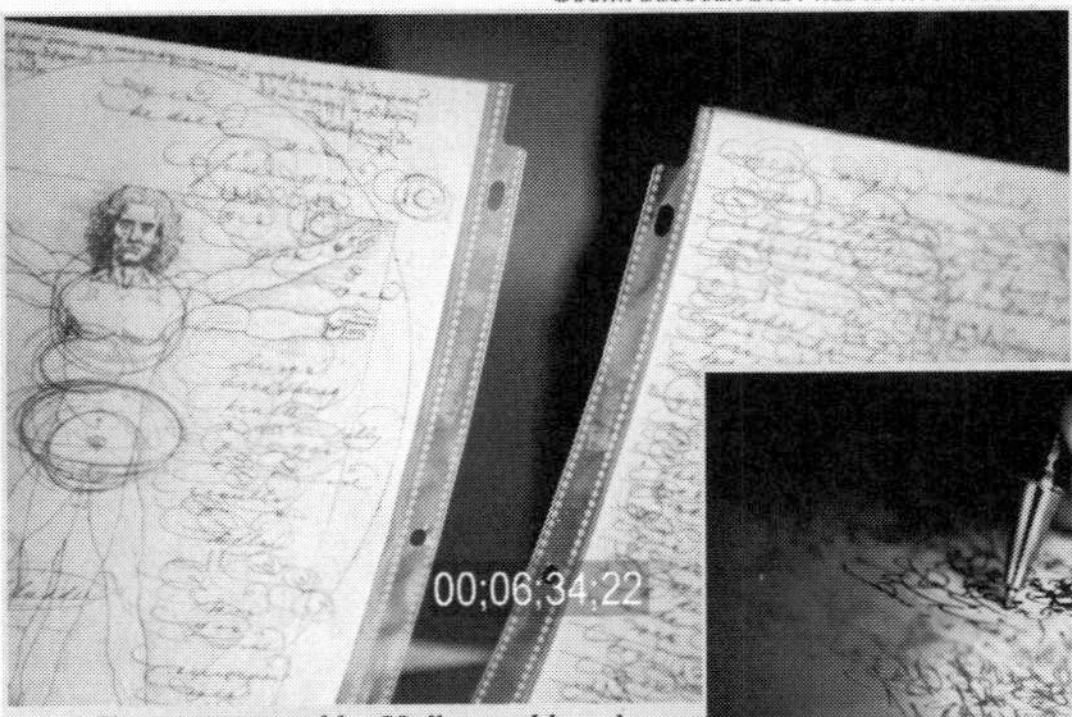

Shows approved by Hollywood but then ca

★自動書記

サイキック・ツインが高次元にアクセスして自動書記で降ろす予言情報。

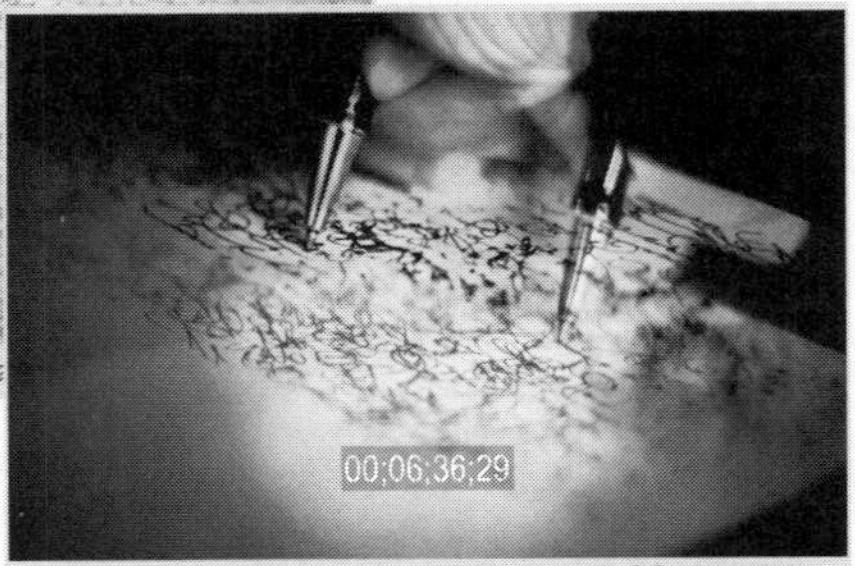

Shows approved by Hollywood but then cancelled due to mystery 10

活動の妨害を受けることになってしまいました。

本来なら、テロ情報など国家の安全保障に関わるような重大な情報を提供できる能力のある人を当局側も上手く使うべきではないかと思うのですが、いろいろな事情でそれも難しいのでしょう。

そこで現在、サイキック・ツインの2人は、YouTubeなどの動画サイトなどを中心にして、ハリウッドのセレブやスターに対する占い的な予言をする活動がメインになっているようです。

サイキック・ツインは、非常に能力がある2人なので、今後も世の中のために必要な予言は公開してほしいと思います。

ハリウッドのエージェントにマネジメントを断られる

私は、『X-ファイル』のモデルにもなったという経験を活かして、これまで、数多くの超常現象やUFOなどを扱うドキュメンタリーフィルムをはじめとする映像作品の制作に出演者やコメンテーター、コンサルタントなどとして携わってきました。

そこで、このような活動を行うことに関しては、エージェントにマネジメントしていただいた方が活動もスムーズにいくのではと、約半年前くらいに、ハリウッドのエージェントに所属するべくコンタクトを取ることにしました。

ところが、ハリウッドのエージェントは、私のSNSやサイトなどネット上にある画像・動画をはじめとするすべての資料をチェックした後で、「あなたのエージェントにはなれない」と言ってきたのです。

彼らがチェックした資料の中には、トランプのキャンペーン時に夫婦で応援をしていた写真なども含まれていました。

もちろん、写真や動画関連だけでなく、私がトランプに言及し、「トランプがホワイトハットと協力してアメリカや世界を救うのだ」というような私の考え方などもすべてチェックされ、「これらも問題だ」と指摘されてしまいました。

彼らは、「こういった情報をすべてネット上から削除するのなら、エージェントに

捜査のためなら、テロリストを装うことも

なってもいい」、と伝えてきましたが、私には、到底そんなことはできません。それは、自分の考え方を変えることを意味するからです。

エージェントへは、こちらの方から逆にマネジメントの依頼を断ることにしました。

ハリウッドは産業全体にカバールの息がかかっている、というのは常々わかっていたことですが、この件で改めて、その認識を新たにすることになりました。

今では、ハリウッドに属さない独立系のプロデューサーたちと組んで、映像作品の制作に参加をしています。

現在はインディペンデントの制作陣と共に映画を制作している。

トランプを応援する写真や資料を削除すればハリウッドのエージェントに所属が可能と言われて断ることに。

捜査のためなら、テロリストを装うことも

FBIの特別捜査官というと、映画やTVドラマのイメージから、なんとなくクールでカッコいいミッションにばかりついていると思われているかもしれません。

しかし、決してそういうわけではありません。

時には、いやな仕事や屈辱的な任務もあったりするものです。

ここでは、私に命じられたそんな屈辱的な仕事をご紹介したいと思います。

それは、FBIに入ってまだキャリアとしては初期の頃の出来事です。

ある時、私は自分に与えられた大きなミッションに心が躍っていました。

というのも、当時イラクのリーダーでもあったサダム・フセインを訪問するというプロジェクトのチームの一員に選ばれたからです。

その具体的なミッションとは、サダム・フセインがパキスタンでかくまっているというラムジ・ユセフという国際テロリスト

捜査のためなら、テロリストを装うことも

を逮捕して、アメリカ側に引き渡しを求めるという仕事でした。

ラムジ・ユセフとは、アルカイダに所属するテロリストであり、1993年のアメリカの世界貿易センター爆破事件、1994年のフィリピン航空434便爆破事件★などの主犯格リーダーであり、現在はアメリカの連邦裁判所ですでに禁錮240年もの終身刑が言い渡されている犯罪者です。

このプロジェクトに関して、FBIはサダム・フセインから「私の方でラムジを預かっているから、こちらまで彼を捕まえに来ればいい」という連絡を受けていたのです。

そこで、米国側へのラムジの身柄の引き渡しをするために、私を含むFBIの捜査官やその他の関係者たちの一団が中東に赴きました。

ところが現地に到着して、いざ、引き渡しのミッションを行おうとする際に、謎の男、スモーキングマン★が現れて私を見ると、「君は、引き渡しのチーム側として行くんじゃないよ」というのです。

「え？　なぜですか？　どういうことですか？」と尋ねると、「君はルックスがテロリストに見えるから、ラムジのテロリスト側の一味のふりをしてほしい」というのです。

私は唖然としましたが、その命令にただ従うしかありません。

結局、同行したその他のアラブ系、イスラム系に見えるFBIの捜査官、警官たちと共にラムジのグループのテロリストのような扱いで、よくある国際指名手配される

写真のような資料に顔写真として掲載されることになりました。

FBIとしては、このような指名手配書を作る必要があったようです。

なぜならば、私たちが扮する彼の仲間としての存在があることで、今回の作戦が成立しているという設定にしたかったようなのです。

その方針に、私は、とてもがっかりしました。

なぜなら、白人系の捜査官たちは、決してそのような任務は与えられないからです。

この作戦において、私はいわゆる花形の〝攻撃チーム〟として、ラムジを捕まえて引き渡しをするための任務には加わることができませんでした。

こういった任務も、必要な捜査の一環とはいえ、やはり屈辱的であり、決していい気分はしませんでした。

今、振り返っても、この時の任務はFBI時代の苦々しい思い出の1つです。

★フィリピン航空434便爆破事件
1994年に起きた航空テロ。フィリピンを訪問するローマ教皇（ヨハネ・パウロ2世）を暗殺する計画の予行演習として行われた。ラムジ・ユセフが直接、機内に持ち込んだ爆弾が座席下に仕掛けられ、その座席の日本人男性1人が爆発時に即死する。他に乗客の10人が負傷。ユセフ本人はセブで途中降機しており、爆発後、飛行機は那覇空港に緊急着陸した。ユセフは燃料タンクを爆破して、さらに多数の乗客の命を奪うつもりだったといわれている。

書店に現れた連続殺人犯の幽霊

★スモーキングマン

政府高官で、広い人脈を持ち、あらゆる機密情報にアクセスできる有力者。いつもパイプをくゆらせているところから「スモーキングマン」というあだ名がついていた。情報提供者として時には味方になってくれるかと思えば、場合によっては敵にもなる怖い存在でもあった。ドラマ『X-ファイル』にも、パイプをくゆらせながら度々登場している。

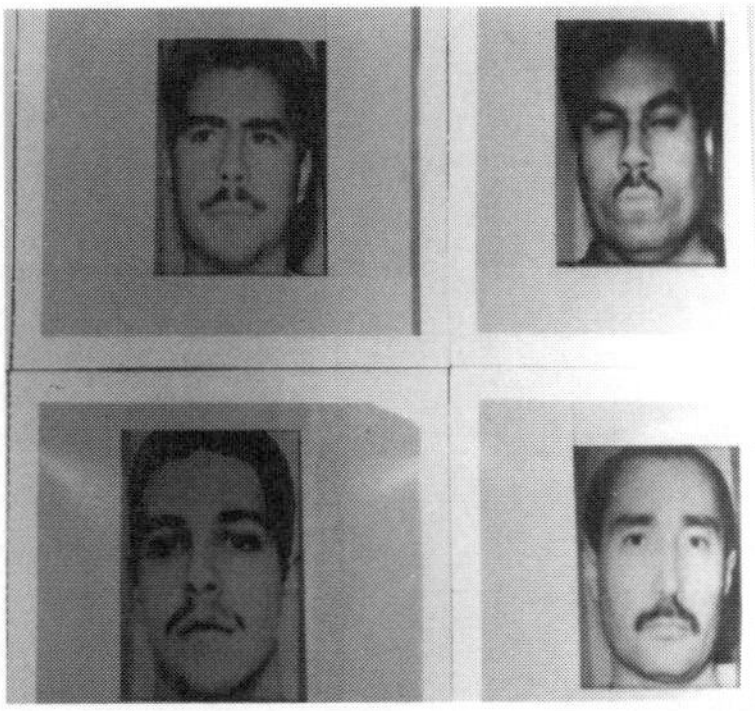

捜査の一環とはいえ、テロリストに扮装させられたのはFBI時代の苦い思い出。

書店に現れた連続《シリアル》殺人犯《キラー》の幽霊

「シリアルキラーなど邪悪な存在は、悪魔的なエネルギーと引き合ってつながると、まるで魔法のようなパワーを発揮することがある」

これは、2020年に出したVOL・1の本でもご紹介したことがある私の説です。

今日は、私が実際に体験した、ある怖ろしい体験をここでご紹介したいと思います。

それは、「あるシリアルキラーが、別のシリアルキラーの幽霊を私の目の前に現象化させた」、という出来事です。

一般的に、凶悪な殺人を繰り返すシリアルキラーとは、なぜか皆、共通して普通の人間の感覚を超えた、ある種、特殊な心理や思考をしていたりするものです。

そして、その特殊さは、言い方には語弊があるかもしれませんが、時には天才的とも呼べるような不思議な能力を発揮させたりすることもあるのです。

たとえば、VOL・1の本では、あるシリアルキラーが地下の密閉された部屋から姿を消してしまったという体験をお話ししたことがあります。

それは、追跡していたシリアルキラーが地下のボイラー室に隠れたことがわかったので、その場所に踏み込んだら、その場所には誰もおらず、もぬけの殻になっていた、という1件でした。

ちなみに、その地下の小さな部屋には窓や出口などはなく、あったのは、大人の手の平サイズの小さな通気口だけでした。

当然ですが、大人の身体がそんな小さな通気口から抜けて出られるはずはありません。

けれども、1人の男の姿が忽然《こつぜん》と消えてしまったのは事実であり、結果的に、そのシリアルキラーを取り逃してしまうことになったのです。

このエピソードをもとにつくられたTVドラマ、『X-ファイル』では、物語の中ではシリアルキラーが身体をぐにゃりとスライムのように液状化させて通気口を潜りながら出ていく、というようなストーリーになっていました。

実際には、そのシリアルキラーがどのようにしてその部屋から出て行ったのかとい

書店に現れた連続殺人犯の幽霊

うことに関しては、本当のところは誰も知る由がありません。

このように、シリアルキラーは猟奇的な殺人を繰り返したとしても捕まらないこともよくあるのです。

それは、あたかもまるで、悪魔的なパワーにそのシリアルキラーが守られているのではないか、と思えるほどなのです。

さて、FBI時代のある時、私はあるシリアルキラーに関する任務に就いていました。

そこで、「シリアルキラーに聞けばいい」と、すでに刑務所に入っている、あるシリアルキラーのことは、シリアルキラーのウィリーという人物を訪ねて、捜査している連続殺人のケースについての情報を引き出そうとしていました。

訪問して会ったウィリーが教えてくれたのは、「シリアルキラーは皆、超能力を扱えるんだよ」ということでした。

そんな話を聞いたある日の夜、私は何気なくふらりと入った地元の書店で、あるシリアルキラーに関する本を見つけたので、その本を立ち読みしていました。

その時私は、1人の背の高い見知らぬ男性が私の隣で同じように本を立ち読みしているのはわかっていましたが、特に気にも留めてはいませんでした。

ところが、次の瞬間、それは起きたのです。

突然、ある気配を感じたので、ふと隣に立っている男性に目線を送りました。

するとその瞬間、その男性の顔の周辺が

まるで霧にかかったように、モヤモヤと動きはじめたかと思うと、ある顔に変容していったのです。

そして、その変化した男性の顔を確認した私は、腰を抜かすほど仰天しました。

その顔こそ、すでに10年も前に死刑が執行されているジョン・ウェイン・ゲイシーというシリアルキラーの顔だったのです。

ジョン・ウェイン・ゲイシーとは、1970年代に少年を含む33人を殺害したことでアメリカ社会を震撼させた有名なシリアルキラーです。

彼は、パーティでピエロに扮して現れ、子どもたちを楽しませることが多かったことから、「殺人ピエロ」という異名もついていました。

そんなジョン・ウェイン・ケイシーはすでにこの世にいないはずですが、彼は独特の顔をしているので、すぐに彼だとわかりました。

そして、この世に存在するはずもない彼が、あまりのことにフリーズしている私を上から見下ろすように、こう言ったのです。

「ほらね。わかるかい？　こうやって俺たち2人は今、シリアルキラーの本を読んでいるんだよ！」、と。

その言葉と同時に、その顔が私の顔にグッと近づいてきたので、私は思わず恐怖を感じて、慌てて何歩か後ずさりしました。

私は、その言葉に戦慄を覚えたのではありません。

驚愕したのは、その声や話し方こそが、刑務所にいるはずのウィリーの口調だった

書店に現れた連続殺人犯の幽霊

からです。

つまり、刑務所にいるはずのシリアルキラーのウィリーが、すでに死刑になったジョン・ウェイン・ゲイシーの幽霊を私の目の前に出現させた、というわけです。

それは、「シリアルキラーは皆、超能力を持っていて扱えるんだよ」という言葉を私に信じさせるがために、私の目の前でそのことを証明するかのような現象を起こしたのです。

その時、ウィリーが言うことがよくわかりました。

「シリアルキラーは、悪魔的なスピリチュアルパワーを操ることができる」、というのは本当なのだと。

それは、ほんの一瞬の間の出来事でした。

改めてその顔を再度見直すと、すでに普通の見知らぬ白人系の大柄な男性の顔に戻っていました。

その男性は、私に何が起きたかなんて知る由もなく、そのまま平然と立ち読みを続けています。

あまりの恐怖に背筋がゾッとした私は、その場から走り去るようにして、その書店を後にしました。

John DeS

少年を含む 33 人を殺害したシリアルキラー、ジョン・ウェイン・ゲイシー。ピエロの恰好をしてパーティに現れて、子どもたちを楽しませていた。そんな彼の幽霊が書店に現れる。

刑務所にいたシリアルキラー、ウィリーが書店で立ち読みをしていた私の隣に、ジョン・ウェイン・ゲイシーの霊を登場させる。けれども、その幽霊の語り口が、刑務所にいたウィリーそのものだったことに震撼する。

CHAPTER4

“ゴム人間”の最新動向を徹底調査 ＝ゲスト 岡本一兵衛＝

ドッペルゲンガー《そっくりさん》はマジックで創造される!?

JOSTAR　では、ここからはゲストにお呼びした一兵衛さんからの質問のコーナーになります。一兵衛さんはやはりYouTuberで、昨年の大統領選前後から、「ゴム人間」のネタでブレイクした方です。今日は、一兵衛さんお得意のゴム人間、いわゆるフェイクや替え玉のダブル、クローンなどのテーマを中心に質問していただきたいと思います。

一兵衛　はじめまして。今、ジョウ☆スターさんからご紹介にあずかりました岡本一兵衛と申します。今日はジョンさんに直接質問をさせていただく機会をいただき、感謝しています。まず、最初からゴム人間関係の質問になってしまうのですが、今、日本でゴム人間が増えているような気がするのです。これは、去年の秋くらいから多く見られるようになった現象なのですが……。たとえば、耳の穴が空いていないゴム、または、シリコンマスクを被っているかのように見える日本の芸能界や政治界の人物たちの動画や画像が多く出回るようになってきました。中には、首が異様に長いものなどもあったりするのですが、これについてどう思われますか？ 突然、このような現象がみられるようになった理由など、何かわかりますか？

ジョン　はい。実は、アメリカのハリウッドでも同じような現象が起きていますよ。すでにご存じのように、ハリウッドの役者の中には、クローンのように見える人たちもいます。実は、これはカバールのクローン実験の一環でもあるのです。また、カバール側だけでなく、米軍のホワイトハット側のトップの人たちは、かなり昔からクローンやドッペルゲンガーの実験をしてきた経緯があります。

ドッペルゲンガーとは、「自分とそっくりの姿をした分身」のことで、一言で言えば、「そっくりさん」みたいな存在のことですね。実は、これは錬金術的なマジックパワーを用いて誕生させるもので、１０００年も前からこの概念と手法は存在しています。基本的に、カバールが政治の舞台などで用いているこの手のものには３種類があります。それは、①クローン、②役者によるダブル、③ドッペルゲンガーです。まず、１つめのクローンは、いわゆる遺伝子操作で創るものですね。２つ目はよく似た役者がダブルとしてその本人を演じるものです。その際、本人に似た人がシリコンマスクを被って本人のフリをしたりします。ただし、シリコンマスクといっても最近は高度な技術が用いられていて、いわゆる生体レベル、すでに人間の生きた組織を使って作成したシリコンマスクです。このシリコンマスクは、普段はビタミンや栄養剤などが入った水溶液の中で培養され保存されています。これをいわゆる役者さんが被る、というわけです。そして３つめが、先ほど申したドッペルゲンガーであり、これは魔術的な方法を用いて生み出すのです。

一兵衛　クローンは知っていましたが、魔術で作るというドッペルゲンガーについてはびっくりですね！

ジョン　それで、おっしゃった「マスクに耳の穴がない」という話に戻りますが、カバール側も軍のホワイトハット側も、すでにクローンの研究には相当の年月をかけてきており、その技術も進んでいるので、この時点で耳の穴がないというような、稚拙《ちせつ》で欠陥のある製品はありえないはずなのです。ですので、もし、日本にも同じような生体マスクなどが出回っているとしたら、その技術をきちんと習得していない者が開発したのではないでしょうか。普通なら、完璧でないものはすぐに廃棄されているはずですからね。ですから、もし、そのような不具合のあるマスクが表舞台で使われているとするのなら、そのあたりに関してのことは、私はよくわからないですね。

一兵衛　なるほど。ありがとうございます。日本のクローン事情は、そこまでまだ技術も進んでいないのかもしれませんね。ところで、本人がきちんと存在しているのにもかかわらず、そのようなクローンや役者、ドッペルゲンガーなどが活用されるのはどういう場合でしょうか？

本人に化けるのは、①クローンと②役者と③ドッペルゲンガーの3種

ジョン　いろいろなケースが考えられます。たとえば、近年、〝世界で最も悪い男〟と呼ばれていたあのサダム・フセインなどは、①クローン、②役者、③ドッ

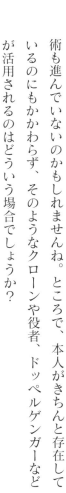

ペルゲンガーと3種類が存在していました。ヒラリー・クリントンにも3種類が存在していました。ヒラリーには、有名なクローンのエピソードがありますね。彼女が9・11の追悼記念イベントに出席した際、彼女のクローンが出席していたのですが、クローンに突然、不具合が生じたことがありました。クローンはまともに歩けなくなったので、その場から逃げようとしました。けれども、それに気づいたシークレット・サービスにクローンは捕獲されてしまい、車のバンの中に荷物のように投げ入れるように押し込められてしまいました。クローン自身も、自分が用無しになると殺されるということはわかっていたので、かなり抵抗していたのですが、抵抗もむなしく車に押し込められた後、まもなく死亡しました。この時の話は有名なので、探せば動画なども残っていますよ。

そしてその日は、このような想定外の出来事が起きたために、「ヒラリーが死亡した」というニュースがメディアを駆け巡ることになりました。そこで、このニュースを混乱させるために、その同じ日、ヒラリーがある別のイベントに出席するという演出がなされたのです。今度は、ヒラリーのドッペルゲンガーが彼女の娘と共に登場したのですが、そのドッペルゲンガーは、実際のヒラリーよりもかなり若いルックスでしたね。また、この同じ日の夜には、さらにヒラリーを演じる別の役者も登場するという事態になりました。このようにして、「ヒラリーは死んでなんかいない。きちんと生きているんだ」、ということをあらゆる方法で証明しようとしたのです。これがヒラリーのケースですね。

一兵衛　なるほどですね。ヒラリーのクローンの調子が悪くなった時の様子は、今でも部分的にYouTubeなどでも残っていますね。

ジョン　はい。そして今、世界で最も悪人といわれているのが先ほどから名前が出ている投資家のジョージ・ソロスですが、彼にも同じように3種類のニセモノが存在しています。今、ソロスの悪事がいろいろと暴かれつつあり、彼自身も身の危険を感じているので、それぞれの３タイプを使いこなしているというわけです。

また、もう1人、アメリカの最高裁の判事で、数年前に亡くなったルース・ベイダー・ギンズバーグ★という女性がいました。彼女は実は亡くなってすでに2年くらい経っていたのですが、カバールはそのことを隠し通しており、彼女は生きているということにするため、そっくりさんやドッペルゲンガーを使っていました。なぜなら、トランプに新しい最高裁の判事を指名させないためでした。これもすべて、トランプ憎しからやったことです。マスコミも彼女が亡くなっていることをすでに知っていました。ニセモノの彼女は、ほとんど口を開かないので、そのことを知りながら、写真などを撮っていたわけです。すべては次の最高裁の判事を指名させないためです。

もし、このエリアに興味があるなら、『チェンジリング』という映画をご覧になるといいですよ。人々がそっくりさんにどれくらい騙《だま》されるか、というのがよくわかる映画です。アンジェリーナ・ジョリーが主演したこの映画は、実話がベースになっています。これは、１９２０年代のアメリカで起きた事件が原案で、「チェンジリング」とは「取り換えっ子」という意味です。ストーリーは、あるシングルマザーのキャリアウーマンの女性の小さな息子が行方不明になるのですが、その後、数か月後に息子と年恰好の似た男の子が「自分が息子だ」と名乗り出てきます。

その少年は〝なりすまし〟だったので、母親はその子を一目見て、「息子ではない！」と主張するのですが、警察に「本物の息子だ」と強くいいくるめられて、そうではないと主張する彼女は、精神病院にまで収容されてしまいます。そこから真実を主張する母親の苦悩がはじまる、というようなクレイジーなストーリーです。結果的に、彼女の息子は当時、小さな少年たちを誘拐する殺人鬼に誘拐されていたことが発覚します。けれども、殺人鬼から逃げ出した少年も数人いたことから、実話の母親は老いて亡くなるまで息子のことを探し続けた、という話です。これも、「本人だ」と言われれば、周囲はすべて信じてしまう、という心理などがよく描かれています。

一兵衛　今から100年も前から、こういったそっくりさんによる事件などが起きていたということですね。

ジョン　はい、そうですね。

★ ルース・ベイダー・ギンズバーグ

アメリカの法律家。オフィシャルには、2020年に87歳で死去とされる。1993年にクリントン大統領に指名されてから死去するまで最高裁判事を27年間務める。アメリカで女性では歴代2人目の最高裁の判事。リベラル派として、また、性差別の撤廃などを求めるフェミニストとしてアメリカで大きな影響力を持っていた。名前の頭文字から、「RBG」の愛称で呼ばれ、ポップカルチャーのアイコンとして、若い世代からも人気を得ていた。

アドレノクロムの供給は絶たれつつある

一兵衛　次に、アドレノクロムについてですが、ハリウッドや日本の芸能界も含めて、その他、セレブリティや〝上級国民〟と呼ばれている人たちがアドレノクロムを使用しているとのことですが、一体どれくらいの人が使用しているのでしょうか？

ジョン　そうですね。アドレノクロムは、かなり多くの人が使用していると思われます。エリート的な立場にいる人やカバールと関係している人たちは使用しているでしょう。すでに多くの人がご存じのように、アドレノクロムは言うのもおぞましいですが、子どもを虐待したり、恐怖感を味わわせたりすることで、アドレナリン化した血液を抽出することで作られるものです。ただし、今、カバールは危機的状況にあり、最終段階にきているので、彼らのあやつり人形たちが自分たちの言うことを聞かないと、その者にはご褒美にアドレノクロムを渡さない、として罰することがあるようです。最近、セレブや政治家たちのアドレノクロム欠乏症になった状態がよく画像などで出回っているようですね。画像にもあるように、アドレノクロムを与えられないと、あっと言う間に老化してしまいます。

一兵衛　そうですね。セレブたちの目の周囲などに〝あざ〟のようなものができている画像などがよく出回っていますね。

ジョン　はい。でも、このような話は、もうネットを通じて世間一般に知れ渡り、多くの人の知るところになっていますね。すでに、アドレノクロムの件は隠された秘密などではなく、公然の事実となってしまいました。また、大手メディアも、このことは知っているのに、フェイク・ニュースは流したとしても、これについては一切、報じようとしません。なぜなら、大手メディアもエリート層であり、ゆえにカバールの一部であり、アドレノクロムの恩恵を受けている人たちだからです。

今、ホワイトハットたちがアドレノクロムの供給元を絶ちつつあるので、ハリウッドは悲惨な状況に陥っています。今では、もうほぼアドレノクロムは供給されていないのではないでしょうか。最近では、カバールが支配する地下の軍事基地へ続くトンネルが発見されたり、子どもたちが収容されていたような施設も発見されたりした後、それらも破壊されてシャットダウンされているからです。だからこそ、彼らは今、必死になって最後のあがきを行っているところなのです。

一兵衛　アドレノクロムの供給が絶たれつつあることはいいことですね。ちなみに、アドレノクロムを使う理由は、ドラッグ的な使用、つまりハイになりたいからということと、アンチエイジング、若返りという効果で合っていますか？
他にありますか？

ジョン　その２つの目的で合っていますよ。

人を支配するなら、クローンよりワクチンの方が近道

一兵衛　なるほどです。それでは、またちょっとクローンの話に戻りたいのですが、

恐怖や不安を感じない、感情のない〝クローン兵士〟みたいな存在を戦場に送りこんで使用しているという話を聞いたことがあるのですが、これは本当ですか？

ジョン　はい、確かにクローン兵士のような存在はいると思われます。けれども今は、クローン兵士を量産するよりも、もっと簡単で効率的な方法があるのです。それは、先ほどシンギュラリティのところでも話に出た、科学者でありトランスヒューマニスト（超人間主義家）のレイ・カーツワイルが自身の書籍で紹介している説です。これは、中国共産党がすでに採用している方法で、他の国もすでに採用しているかもしれませんが、「グラフェンオキサイド★（酸化グラフェン）」という成分が母体になる注射を打つことです。これはいわゆる、コロナのワクチンの考え方とも同じものですね。

これを人体の血液中に注射して入れると血中で増殖して、それが脳に達すると、脳の高次の機能がすべてシャットダウンされてしまい、何にでも従う従順な兵士になってしまうというものです。いわば、〝ゾンビ化した兵士〟が出来上がる、みたいな感じですね。コントロールする兵士をつくるなら、今の主流はこちらのようです。人造のクローンよりも実際の兵士に注射をすることでコントロールが可能になるのです。ちなみに、兵士こそが最もさまざまな種類のワクチンを打たれている人たちなんですよ。彼らは、常にいろいろな注射を打たれていますからね。これは、血液に異物が入ることに慣れてもらうためです。

また、支配という意味では、先ほど、アドレノクロムの話が出ましたが、ハリウッドスターや政治家たちを支配するために、アドレノクロムを入手する際の「血の儀式」に参加させるのです。そして、その時の現場の様子を撮影しておけば、どれほど彼らを支配できるでしょうか。

★グラフェンオキサイド
酸化グラフェン。余分な金属を分解するために強力な酸化剤と酸でグラファイトを処理することによって得られる、さまざまな比率の炭素、酸素および水素の化合物。

一兵衛　つまり、弱みを握られてしまう、ということですね。コワイです。ところで、僕からも緊急放送について1つ質問をしたいのですがよろしいでしょうか。実は、僕の友人がＴＶ局で働いていて、去年から緊急放送用のテストだと思われる作業を目撃したり、緊急放送用のアンテナ線が海外から日本に運ばれて来たりもしているようです。他にも、「スターリンク」と呼ばれる人工衛星がすでに何度も飛ばされていますが、それを用いて緊急放送をするなどの噂もあります。けれども結局、いつまでたっても放送されないのは、何か理由があるのでしょうか？　それとも、緊急放送とは、まったく根拠のない話なのでしょうか。

ジョン　緊急放送については、ジョウ☆スターさんからの質問にもお答えしましたが、いずれいつかは必ず起きるでしょう。ただし、それが今のところはまだであるということです。そして、その放送がはじまると、皆さんはとても驚くことでしょう。世界的に名前の知られた人たちが軍事裁判にかけられている様子が映し出されるだけでなく、場合によっては、処刑されるところも放送されると思われるからです。本物のヒラリー・クリントンは、しばらく前に絞首刑になっています。彼女の最後の言葉は「こんなこと、できるわけないでしょ！　私はヒラリー・クリントンなんだから！」という言葉だったのですが、その場に立ち会っていたトランプは、彼女の言葉に対して「いいや、もう終わったよ」と応えたそうです。

クローンはどこまで人間の機能を発揮できるのか

一兵衛　壮絶ですね……。あと、少しヘンな質問かもしれませんが、僕の友達で芸能界にいる男性なのですが、彼がクローンになっていると思われる女性とセックスをしたらしいのですが（笑）、クローンは食事とかセックスとか、どこまで人間と同じようなことができるのでしょうか？

ジョン　はい、クローンは普通の人間としての機能である食事をしたり、また、性行為などもできたりしますが、肝心な〝魂〟がありません。また、クローンはやはり完璧な人間ではないので、ちょっとした欠陥やバグみたいなものが生じていますね。ある時、ジョー・バイデンの姿や立ち振る舞いがあまりにもクローンっぽいので、クローンだと思われたことがありました。けれども本来、クローンは精巧に作られているはずなのに、10年前の本物のジョー・バイデンと耳の形が明らかに違うのです。そこで、軍部の人間が彼を捕まえて調べたところ、先ほどもご紹介した、バイデンと同い年のバイデンに似たアーサー・ロバーツという俳優が生きたシリコンマスクを被って彼を演じていたことがわかったのです。ちなみに、この手のマスクは形状記憶があり、元の顔に似せられるという機能もあるようです。

一兵衛　そうすると、俳優のアーサー・ロバーツは、カバールのメンバーということになりますか?

ジョン　高いレベルのメンバーというよりもカバールに使われている、という立場の人間ですね。他にもアメリカの上院・下院の議員たちにもそっくりさんが存在しています。バイデンを演じるアーサー・ロバーツの場合、彼がまるでクローンに見えるような不自然な動きをしたのは、彼自身がすでに高齢だから、というのもあるようです。やはり、もう年齢的に明晰《めいせき》な頭脳でもないだろうし、アドレノクロムも与えられていない、というのもあるのかもしれません。

一兵衛　なるほど。ちなみにクローンについてですが、姿形は似せられるというのはわかりますが、声はどのようにして本人に似せるのでしょうか？

ジョン　まず、クローンも言葉は話せますが、やはり、公の場で話しはじめると何を言い出すかわからないというリスクがあります。ですので、ほとんどの場合、公の場では話さないようにプログラミングされています。そして、そのためのプログラミングも難しいことではありません。また、話すという意味において、クローンが一方的にスピーチをするようなことはできても、相手との自由な会話のキャッチボールのようなものは、やはり能力が限られているので難しいです。ですので、できる限り、オフィシャルな場では話させないようになっているはずです。

現代の戦争、〝情報戦〟を勝ち抜くために

一兵衛　できるだけ公の場では話さないことでボロを出さないということですね。それでは、僕からは最後の質問になりますが、これからもYouTuberとしての活動をしていく上で、今、この時期だからこそ伝えておくべきことなどありますか？　あれば教えてください！

ジョン　そうですね。今は、カバールが人類に対して仕掛けている最後の闘いに我々が直面している、ということです。ですから、そのことをぜひ自覚していただきたいのです。そしてその上で、必要な情報を皆さんに伝えてほしいと思います。多くの人は、「第三次世界大戦」とは、これまでのように銃や爆弾を使うものだと思っているかもしれませんが、実はそうではありません。今の時代の戦争は、情報戦であったり、注射針を使ったりする戦争なのです。また、敵は兵士というよりも、白衣を着たドクターや科学者たちが兵士だったりするのです。そんな彼らこそが、人類を滅ぼそうとしている敵だったりします。

特に今回、お話ししてきたワクチンについてですが、現在はアメリカだけでなく、世界中の人類を滅ぼすための武器として広まっています。私たちはこれに対して闘っていかなければなりません。でも、そのための闘い方は、「あらゆる方法で情報を発信し、多くの人々に事実や危険性を拡散していく」

ということです。また、「情報発信者たちがお互いに情報を伝え合う」ということも大切です。彼らの攻撃は、今後もワクチン以外にも形を変えてやってくるはずです。だからこそ、私たちはお互いに助け合いながら情報を伝えていかなければなりません。

一兵衛　ありがとうございます。そんなスピリットを大切に、情報を僕なりのスタイルで伝えていきたいと思います。今日はデソーザさんと出会えたこと、そして、たくさんのことを教えていただき感謝しています！

ジョン　こちらこそ、ありがとうございました！

CHAPTER5

FBI 捜査官の条件
＝ゲスト 直《なお》家《や》GO＝

機密情報の流し方にはコツがある

JOSTAR　では、ここからは、もう1人のゲストをご紹介したいと思います。YouTuber の直家GOさんです。今から直家GOさんにバトンタッチして、彼からの質問のコーナーとさせていただきます。直家GOさんも、やはり、真実を追求するテーマについての動画が多いのですが、とりわけ日本とロシアの関係や、北方領土に関する問題などにも詳しい方なので、そのあたりについての質問もあるかと思います。それでは、直家GOさん、どうぞ！

直家GO　はじめまして。YouTuber の直家GOと申します。自分が動画で語っている

ジョン

内容について、いつか本物の専門分野の方と直接お話しできればいいなと常々思っていました。今日は、お誘いいただきありがとうございます。まずは、FBIと他の政府機関との関係性について聞いてみたいと思います。ジョンさんがFBIにいらっしゃった時に捜査を進めていく上で、たとえば、CIAやNSAと情報交換をしたり、組織的に協力体制を取ったりしたことはありますか？

はい、いつも関係機関とは情報交換していましたよ。けれども、お互いの機関にとってそれぞれ機密部分には守秘義務があり、そこの部分はきちんと守らなければなりません。そこで、次のような2種類の方法で情報交換を行っていました。まず1つ目は、「噂話として情報を流す」ということです。たとえば、こんな感じのようなものです。「あくまでも噂話なんだけれど。今、議会でこんなことになっているらしいよ。上院・下院の議員たちが袖の下を渡されて、〝UFOが本当に存在する〟ということを、信じ込まされているんだって。まあ、噂なんだけれどね」みたいな感じです。相手に探りを入れたいときも、このような噂話のレベルだと、たとえ録音されている情報だとしても、セーフなのです。機密情報を暴露することは重い罪になるのですが、こんな感じで、〝あくまでも噂話〟とすることで、許されるわけです。

直家GO　なるほど、それは上手いやり方ですね。

ジョン　はい。そして、２つ目は、「その話をストーリー仕立てにする」、ということです。たとえば、ＣＩＡ側が私に次のような話をしてきたとします。「今、イリノイ州で、アフリカのスーダンから持ち込まれた〝ヘビ〟が、地面を這いずり回っているらしいよ。そのヘビはＣＩＡ、サウジアラビアの情報機関、そして、某民間団体が共同で飼っているらしいんだけれどもね。もうすでに、そのヘビは、ちょっとした犯罪にも手を染めているらしいよ。どうやらそのヘビは、アメリカを滅ぼすための大掛かりなテロのために連れてこられたようだよ」みたいな感じで、機密情報の部分をヘビに例えて物語形式で語るわけです。

当然ですが、そのヘビが誰かということはわかりません。けれども、そのヘビがその後上院議員となり、大統領選に出た頃に、やっとその人物が「あの時、言われていたヘビとは、彼のことだった」、ということがわかるのです。この例え話の答えを言うと、そのヘビとは、後のオバマ大統領だったわけです。こんなふうに、ストーリー仕立てにする方法もよく用います。やはり、機密情報を通常の情報網で流したり、確認したりすることは困難ですし、とてもややこしいことになります。そこで、現場にいる捜査官たちは、こんなやり方で他の機関と情報交換を行っているわけです。

直家GO　「たとえ話」にするというのも面白い方法ですね。そうすると、ヘビが誰かは伏せられていたとしても、ヘビというキーワードがバレたり、外に漏れた場合はどうするのですか？

ジョン　そのようなキーワードは、いつもバレたりしていますよ。でも、バレたとしても、大したことではありません。やはり、その内容を完全に理解している人でないと、その話が何を意味しているのかは、わからないものだからです。それに、言及されている本人がそのことを知ったとしても、本人は意外と気にしていないものです。たとえば、オバマには、「裏切り者」「反逆者」という言葉が長年、使われてきており、彼自身も自分がそう呼ばれているのをきちんとわかっていましたが、まったく気にしていませんでした。裏切り者とか反逆者という言葉の裏に隠されている〝本当の意味〟を理解されない限り、問題ないからです。

直家GO

なるほど。確かにそうですね。意味が通じないなら大丈夫というわけですね。

怖ろしいCIAには他の政府機関も近づかない

ジョン　はい。また、他の政府機関との関係についてですが、少し前の時代まではＦＢＩはかなり誠実な組織だったと思います。そこで、他のまともな機関もそうですが、なるべくＣＩＡには近づかないようにしていました。というのは、ＣＩＡは、とんでもなく怖ろしい組織だからです。彼らはアルカイダやＩＳＩＬ（イスラム国）以上の殺人組織だと言ってもいいでしょう。これまでもＣＩＡは、数々の作戦を通して、アメリカ人だけでなく多くの人々を死に追いやってきましたからね。

たとえば、キューバ危機時代に行われた１９６１年の「マングース作戦★」、また、１９６２年の「ノースウッズ作戦★」では、最終的に実行までは至りませんでしたが、反カストロ工作の一環として、アメリカ人の大学生たちをテロに巻き込む計画を立てていました。さらには、１９７９年の「モッキンバード作戦★」では、ＣＩＡがアメリカ人ジャーナリストたちを巻き込んでＣＩＡが言論統制をするという、メディアをコントロールする作戦もありました。

１９８６年には、「コンピュータチップ作戦」というものがありました。これは当時のソ連にコンピュータチップを送り込み、そのコンピュータチップがロシアの「核エネルギープログラム」として核兵器開発に使用されることになりました。それが結果的に、チェルノブイリのメルトダウンの事故につながり大勢の犠牲者が出ているわけです。けれども、ＣＩＡはこれらについて、一切の責任を取っていません。ですから、かつての古き良き時代のＦＢＩは、こんな残酷な組織には、あまり近づかないようにしていましたし、他の機関も同じようにあまり近づいていませんでしたね。

★マングース作戦（Operation Mongoose）

ケネディ政権時代のＣＩＡの極秘作戦。フィデル・カストロ率いるキューバ政権を隠密行動で転覆させるテロ計画。１９６１年に実行された。

★ノースウッズ作戦（Operation Northwoods）

１９６２年にキューバのカストロ政権を転覆させるためアメリカが秘密裏に計画した偽装工作。アメリカ国内でテロリストに見せかけた攻撃を起こし、国民の対キューバ感情を悪化させて、キューバ攻撃を容認する世論へと向かわせることを目的としていたが、実際には実行されなかった。

★モッキンバード作戦（Operation Mockingbird）

ＣＩＡがメディア報道に対する大規模な操作を行った秘密工作。冷戦期の１９５０年代にスタート。アメリカ人の主要ジャーナリストを誘い込み、プロパガンダネットワークに採用し、フロントグループの作戦に影響を与えた。

FBI捜査官の条件はアメリカをテロから守れるかどうか

直家GO　ＣＩＡの怖ろしさがよくわかりますね。では、次の質問にいきたいと思いますが、ＦＢＩの捜査官を採用する際の決め手などは何がありますか？

ジョン　ＦＢＩが新人エージェントを雇う場合の一番のポイントは、「その人物がアメリカをテロから守れる人材かどうか」、ということです。特に９・11以降はここの部分についてが、より強化されています。

直家GO　自国を守れるかどうか、ということなんですね。ちなみに、雇用は新卒だけでなく、中途採用などはありますか？　たとえば、30～50代くらいの年齢でも採用されますか？

ジョン　中途採用としては、年齢幅で言えば、30歳から37歳くらいがメドになりますね。特に、私は特別捜査官という任務についていましたが、このポジションは37歳が上限になっています。条件としては、まず、四大卒であることに加え、そこからさらに3年の学歴があるのもプラスになるでしょう。もしくは、弁護士、エンジニア、軍人、警察官などＦＢＩでの仕事に役立つ職務に過去3年以上の経験があることが条件です。

直家GO　やはり、体力のある30代後半くらいまでが候補になるのですね。ちなみに、ＦＢＩに入る条件として、対アメリカのテロを防ぐことができる人となると、その候補者に愛国精神があるかどうか、というのが試されますよね。でも、面接などでは、実際にはそうでなくても、いくらでも口頭ではきれいなことは言えるかと思うのですが、そのあたりはどう確認されているのですか？

ジョン　はい。そのために緻密な心理テストがありますし、その人の人格を深いレベルで診断できるような質問が大量に用意されています。雇用の際のテストには、テストを受ける者の心の内側にまでズカズカと踏み込んでくるような感じの質問が徹底的に行われますね。

日本を震撼させた3大事件について

直家GO　そうですか。そこまでされると、その人が本物の愛国者かどうかは確実にわかりますね。では、今日は僕もジョンさんの心に踏み込んでいくような質問をしたいと思います（笑）。次に、日本で起きた事件についての質問をさせてください。日本には、過去に日本中を震撼させた３つの大きな事件があります。それは、①１９８５年に５２０人の犠牲者を出した「日本航空１２３便墜落事故」、そして、②オウム真理教が１９９５年に起こした「地下鉄サリン事件」、③１９７６年に田中角栄元首相を失脚に導いた「ロッキード事件」です。この３つの中で、ＦＢＩが日本の捜査機関と一緒に動いた事件はありますか？

ジョン　まず、日航機の墜落事件とロッキード事件は存じませんが、オウム真理教による地下鉄サリン事件のことはわかります。オウムの代表だった麻原彰晃《しょうこう》のことも知っています。

直家GO　そうですか。実は、麻原率いるオウム真理教は海外にも手を伸ばして、国際的にも布教活動を幅広く行っていたのですが、アメリカにもその手は伸びていましたか？

ジョン　はい、彼らの宗教の教義については聞いたこともありますが、私の知る限り、一見、平和的な教義には見えていましたね。ただ、あのような悲惨な事件が起きてしまったわけです。この事件の後、ＦＢＩとしては、東京のアメリカ大使館内に司法担当官がいるＦＢＩの支部から日本の警察に「何かお手伝いすることがあれば、対応しますよ！」と働きかけたのですが、丁重に却下されてしまいました。そこで以降は、ＦＢＩはこの事件については動きを見守るだけとなったわけです。

この時、日本の警察当局は、「この事件には非常に罪悪感を覚えているので、自分たちだけで解決します」とおっしゃっていたのですが、結局、麻原も１９９５年の逮捕後から裁判を通じて死刑が確定したのは10年以上も経った直家ＧＯ　２００６年であり、その後の事件解決には相当時間がかかっていたようですね。こうした事実からすると、捜査に当たっていた関係者たちは、本当に罪悪感を覚えていたのかな、と私は思いますね。

ジョン　なるほど。そういう経緯があったとは知りませんでした。ＦＢＩも捜査をオファーしていたのですね。それでは、次の質問です。やはり、これも日本の事件なのですが、１９７６年の「ミグ25事件」というものです。これは、ソビエトのミグ戦闘機が日本の領空を侵犯して、民間の函館空港に許可ナシで勝手に降り立ち、乗っていたパイロットがアメリカに亡命を求めた、という事件でした。その時、日本の当局は戦闘機をバラバラにして機体を調べたようですが、この事件について何かご存じですか？　もしご存じの場合、この時の機体の情報などは機密情報になるかと思うのですが、ＦＢＩはこういった情報なども入手されるのでしょうか？

まず、こういった亡命事件は、どの時代でも世界中でよく起きていることです。そして、このような場合、定められた手順も決まっています。基本的に、〝敵国〟と呼べるような国の飛行機が領空侵犯して亡命を求めてきた場合、飛行機の機体をバラバラにして情報を入手することは可能ですが、最終的にはその機体は本国にきちんと戻さなければなりません。また、機体に関する情報を手にするのは、ＦＢＩというよりも、アメリカ空軍とＤＩＡ(Defense Intelligence Agency：アメリカ国防情報局）になります。ただし、亡命を求めるパイロットに関する情報はＦＢＩも入手できます。また、ＣＩＡもこういった場合は絡んできて、そのパイロットを連行していきますね。

直家ＧＯ　ほ〜、こういった場合にも、きちんとプロトコルなどが定まっているのですね。よくわかりました。そういうケースが頻繁にあるなら、国際的なルールが必要ですね。では、次の質問です。先ほどＦＢＩに入る際の愛国精神などを調べる方法など教えていただきましたが、ジョンさんは捜査において、嘘を見破る方法などをご自身なりに身につけていましたか？　たとえば、被疑者を嘘発見器にかける前に、「これは確実に嘘だ！」と見破る独自のスキルなどはあったりしますか？

嘘発見器は嘘を見破るわけではない

ジョン　はい。私だけでなくすべてのＦＢＩの捜査官は、嘘を見破るスキルを身につけています。まず、嘘発見器ですが、あれは、嘘を発見するための機械ではないので、嘘か本当かを判断するものではないのです。基本的に嘘発見器は、テストにかける人の感情的な反応を探知するものです。つまり、ある特定の質問に対して、どれくらい感情の動きが生じているのか、というのがわかるだけなのです。

ただし、このことはほとんど知られていないので、嘘発見器は、その人に対して精神的に脅しをかけるために使います。要するに被疑者に対して、「嘘発見器は、嘘を見抜くんだよ！」と心理的に追いつめるのです。通常は、その被疑者が捜査で確実にクロであるということが確定した時点で、最後に「あなたが嘘をついてないかどうか、調べますね。本当にあなたが奥さんを殺していないのかどうか、ということを嘘発見器で確認します」などと言うわけです。すると、その被疑者は「嘘発見器だけは、やめてくれ！」などと言うわけです。その発言こそが、まさに真実かどうかの判定になるのですね。つまり、その発言で有罪が確定してしまうのです。

直家ＧＯ

なるほどですね。嘘発見器で相手をビビらせるわけですね。

ジョン

その通りです。嘘発見器は、相手を脅したり、相手を却下したりするための機械といったらいいでしょうか。でも、若い世代の人たちは、このことをすでに理解しているかもしれませんね。アメリカでは企業が人材雇用の際にも使ったりしますよ。たとえば、ある企業のポジションに面接者が応募してきたとしましょう。その際、その候補者がオフィスに面接に来た時点で、身体にタトゥーがあったり、鼻ピアスがあったりすると、雇用する側は「この人は、ちょっと違うな……」というのがすぐにわかりますよね。そのような場合、その風貌を理由に却下するのではなく、面接時に「その人物がうちの会社に合うかどうか」、というような名目で嘘発見器にかけたりします。そして、その結果、そのタトゥーに鼻ピアスの人物は落とされたりするのですが、嘘発見器は形式上使われるだけです。

基本的に、ＦＢＩでは、その人物が嘘を言っているのかどうかを見抜く方法は、捜査官自身が嘘発見器の役割を果たしていると言えるでしょう。たとえば、私の師匠でもあるＦＢＩ捜査官だったジョー・ナヴァロ氏が書いた本には、あらゆる種類のボディ・ランゲージやしぐさでどうやって嘘を見抜くか、というテクニックが詰まっており、私はこういった知識も彼に教わり身につけていました。ナヴァロ氏は、それ以外にも人の心を読む、ありとあらゆるテクニックを私たちに授けてくれました。ちなみに、そんな読心術のエキスパートでもある彼は今、世界一のポーカー・プレイヤーです。

国家元首との握手はやめておく

直家ＧＯ　確かに、読心術のプロは、優れたポーカー・プレイヤーになれますね！　そ

れに、捜査員自身が嘘発見器とおっしゃるのは、よくわかります。それでは、私からは最後の質問になります。日本とロシアの間には、長年、北方領土問題が横たわっています。今後、日本が北方領土を返還するための手段の1つとして、私なりに、YouTube動画などのエンターテイメント的な活動を通して行えないかと考えています。それが結果的に、日露間における民間レベルでの経済交流を活性化させることにもつながるのではないかと考えています。これについて、元FBIのジョンさんから私に何か良いアドバイスはありませんでしょうか？　たとえば、将来的にプーチンさんに会いに行き、握手をするというような動画を撮りに行くプランなどはいかがでしょうか？

ジョン　そのアイディアは、とてもいいと思いますよ！　それこそ、プーチンはアライアンス側における元祖ホワイトハットのメンバーです。彼はロシアから脱米ドル化を図り、中央銀行を追い出した人でもありますからね。ですから、カバールからとても嫌われています。そこで、「プーチンはアメリカに対して戦争を仕掛けようとしている」とか、「プーチンは中国共産党と手を組んでいる」などというあらぬ噂をいろいろと流されているわけです。けれども、プーチンはトランプやシリアのアサド大統領などと並ぶアライアンス側の人です。

ただし、もし、その計画を本当に実行しようとするなら、少しハードルは高いと思われます。というのも、一民間人が海外の国家元首と対面で握手をすることは、かなり困難を伴うからです。かつて、トランプ前大統領の一般教書演説の日に起きた出来事★ですが、下院議長のナンシー・ペロシが演説後のトランプに握手をするふりをして、彼を殺害しようとしたことがありました。これはＣＩＡのテクニックなのですが、手の平にある特殊な機能をテープで貼り付けておき、その手で相手と握手を一度しただけで、その相手を殺害できるというものです。もちろんこの時、トランプの方は、差し出された握手に応じませんでしたので、無事だったわけです。

他にも、アメリカの映画で『The Interview（ザ・インタビュー）』（2014年公開・日本未公開）というコメディの作品がありましたが、やはり、この映画の中でも、同じような手口で北朝鮮の金正恩を暗殺しようとするというストーリーが描かれていました。こういったケースがあるので、国家元首と直接握手をする、ということについては、少し難しいかもしれませんね。

★

一般教書演説の日に起きた出来事

No Trump-Pelosi handshake at start of speech

2020年の2月4日、米国上下両院合同会議においてトランプ前大統領が一般教書演説を行った日のこと。トランプ前大統領が議場入りの際に、民主党のナンシー・ペロシ（Nancy Pelosi）下院議長がトランプに握手を求めるも、彼は握手を拒否。その際、ナンシーの手の平には毒針のようなものが付いていた写真のクローズアップ部分がネット上に出回った。この日、ナンシーが演説終了後に演説の原稿を破る様子などもニュースになった。

＜画像：Associated Press YouTubeチャンネルより＞

直家GO　なるほど。それでは、もし今後、直接プーチンさんと会う計画を実行できることになったとしても、握手以外の方法を考える必要がありますね。今日はこれまで確認したかったこと、疑問に思っていたことなどを質問することができてよかったです。今日はどうもありがとうございました！

ジョン　こちらこそ、ありがとうございました。

JOSTAR×シネマッツン
プロデュースのショートフィルム
『東京怪物大作戦』
が1～5まで完成！

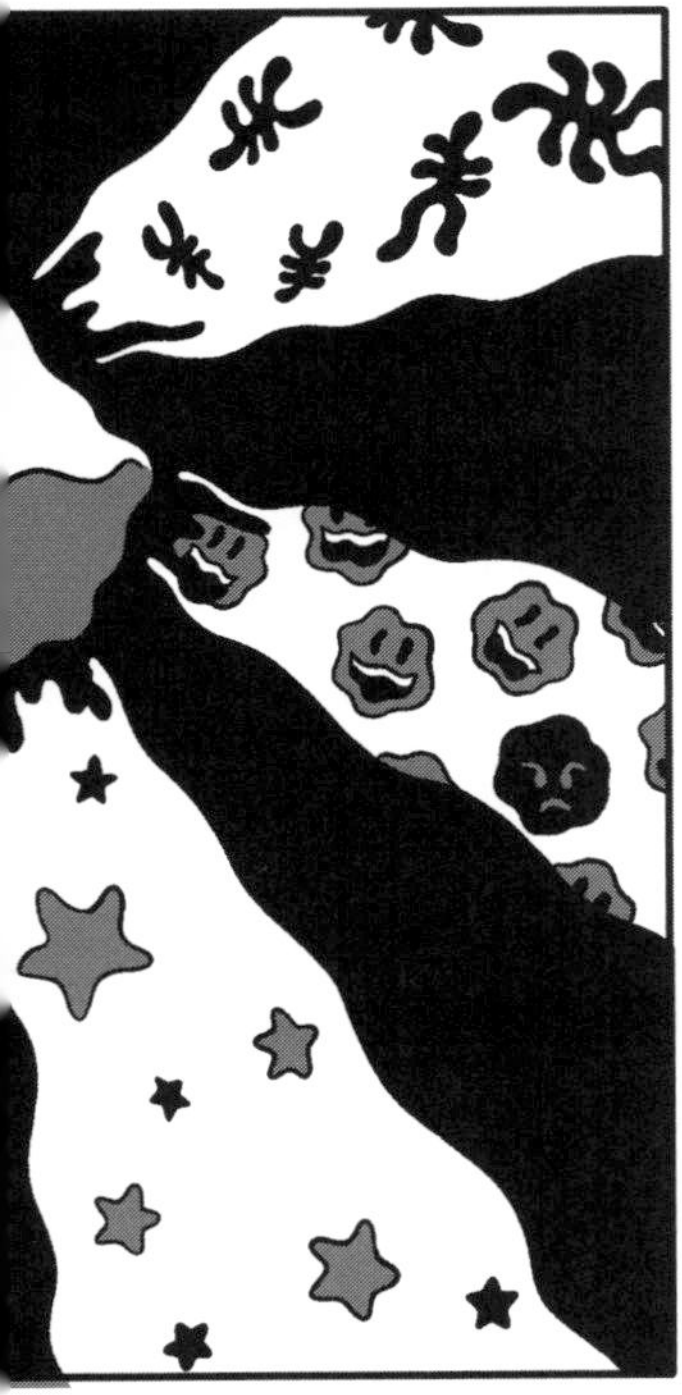

新作映画『オカルト怪物学園』
囁《ささや》き女官《にょかん》あくあ主演で新展開へ！

スピンオフ映画として、

・**岡本一兵衛主演『特殊部隊 GOMQ』、**

・**蜜咲ばぅ**主演『飴魔法名探偵蜜咲』、

・**囁き女官あくあ**主演『オカルト怪物学園』も登場。

みんな、「好きなことで生きていく」を形にしています！

ディープステイト側に
突入する特殊部隊。
ホワイトハット側には神主さん
だっているのが強み！

新しい闇情報の
チェックを
怠らない一兵衛

突入前に一同で集まり、
祈りを捧げる特殊部隊と
トランピアンズ

闇の洗脳から解放されて、
元気になった直家GOと
楽しく語らうJOSTAR

闇も去り、
晴れやかな気持ちで
黄金時代を迎える中、
ドライブをする
直家 GO と JOSTAR

ホワイトハットの
ヒミツの隠れ家の
オフィスでは
新地球会議が
行われている

旧約聖書にも出てくる不思議なパワーを持つ杖、
「アロンの杖」でオカルト怪物学園に潜入する
トランピアンズのメンバー

アロンの杖で
学生時代の姿に戻った
一兵衛と JOSTAR

魔界の力を感じて気分が悪くなった
メンバーを励まし癒す、
囁《ささや》き女官《にょかん》あくあとトランピアンズ

学園祭の軽音部にも突如、現れる
一兵衛、ともやにJOSTARの3人

学園に潜入前のトランピアンズ

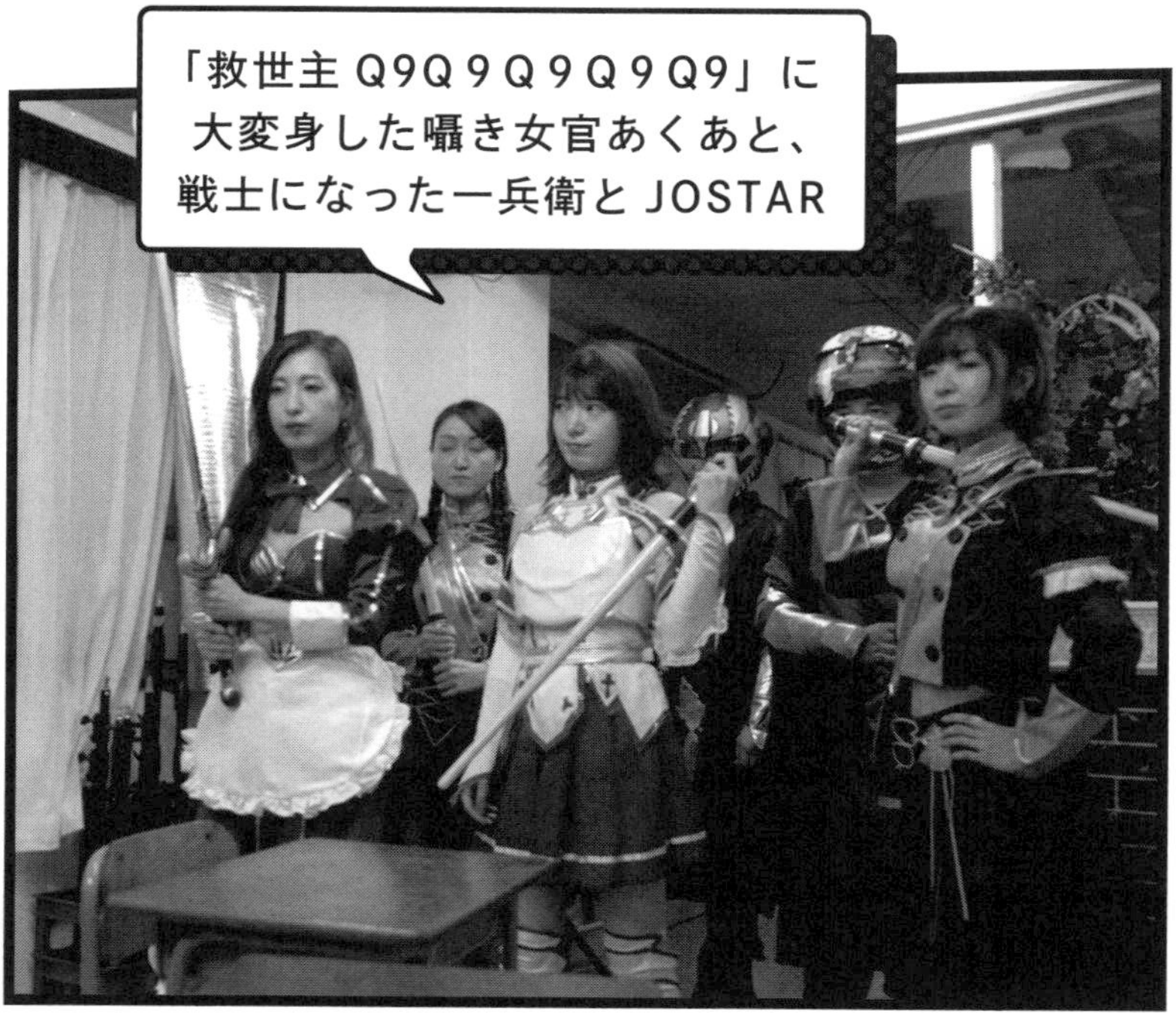
「救世主 Q9Q9Q9Q9Q9」に
大変身した囁き女官あくあと、
戦士になった一兵衛と JOSTAR

救世主 Q9Q9Q9Q9Q9 が
一同勢ぞろい

学園のアイドル、キョロと
レイコのバンドに飛び入り参加する
一兵衛、ともやに JOSTAR

出演者たち一同で
カメラに向かってポーズ！

CHAPTER6

情報発信はパロディや風刺のスタイルで

国際的なイベントでカバールは仲間にサインを送る

JOSTAR

さて今、ついに東京五輪がはじまったわけですが（対談収録時は7月下旬）、開会式のショーの演出の中にはＣＧＩなども含めて、やはり、「これはカバールの暗号なのでは」と思われるものが幾つかありました。もちろん、中には、使われている音楽など光側を感じる要素も少しあったとはいえ、カバールが使う手法の無自覚的洗脳などのキャンペーンもまだ残っているのかなと思いました。これについて、どう思われますか？

ジョン

そうですね。こういった国際的なイベントなどで行われるサブリミナルな洗脳の手法は、一般の民衆に対してだけでなく、世界中に散らばっているカバールのメンバーたちに対してメッセージを伝えるサインだったりもします。たとえば、最近ではこんなことがありました。バイデンが1日のうちに何度も妙なメッセージを発信したことがありました。そのメッセージは、すべて「子どもの血を吸う」ということに関するものだったのです。このような類のメッセージは普通の人が聞いたとしても、「一体、彼は何を言っているんだろう？」というくらい意味不明なものです。

でも実は、これはカバールの上層部に向けたメッセージであり、「アドレノクロムが切れたので、はやく欲しい！」ということをバイデンは伝えたかったのです。どうやら彼はその頃、アドレノクロムを与えられていなかったようで、「はやくアドレノクロムを私に与えてくれないと、いろいろなことを暴露するぞ！」、という彼なりのカバールへの伝言だったわけです。

JOSTAR　なるほど。では、開会式でもカバールからメンバーに向けて、隠されたメッセージが伝えられていたかもしれないわけですね。わかりました。ところで、今回の五輪だけでなく、過去の大会などでも起きていることなのですが、会場の上空にＵＦＯが来たりしているようですが、これについていかがですか？　今回の東京五輪でもそうですが、開会式のスタジアムの上空に昨日も今日も大型の雲が出現していて、まるでＵＦＯが偵察にきているかのように見えるのですが……。

ＵＦＯが上空から イベントを見守っている

ジョン　はい。エイリアンたちはいつもこのような国際的なイベントを監視しにやってきていますよ。あと、雲の話をされていますが、今は「ウェザー・ウォーズ（Weather Wars）」、いわゆる「気象戦争」と呼ばれるものも存在していて、カバール側もアライアンス側もどちらも天候を操ることができる技術を持っています。ですから、もし、カバールが天候を操作することで、大きな天災などを通して破壊的な活動を起こそうとしている場合は、それを阻止するためにＵＦＯたちがやってくることがあります。

ＪＯＳＴＡＲ　そうですか。それは良いエイリアンたちですね。彼らが、今回も東京上空にはＵＦＯたちが来て見守っているわけですね。ちなみに、こういった国際大会だけでなく、アメリカのＮＦＬ（National Football League）などに関しても、過去に人身売買の事件などもありましたが、これについてもカバールの影響などはあるのでしょうか？

ジョン　はい。おっしゃるようにＮＦＬだけでなく、バスケのＮＢＡ（National

Basketball Association）なども含め、アメリカのすべてのスポーツがカバールに利用されていると言えるでしょう。もはや、そのようなスポーツ大会なら中止すべき時代なのかもしれませんね。

ＪＯＳＴＡＲ　なるほど。大きなイベントや大会の裏にはいつも彼らがいるわけですね。そうすると、気象戦争についてですが、これは、これから日本でも起きるかもしれない、ということですね。

ジョン　え？　まだ起きていないとでもおっしゃるのですか？

ＪＯＳＴＡＲ　そ、そうですね。一応、今のところ日本の上空はバリアをされているような気もするのですが……。

アメリカでは量子銀行システムがはじまる!?

JOSTAR　ところで、先日も質問した「金融リセット」に関することなのですが、その後、アメリカでは「量子金融システム」の一環として、この7月からすでに「量子銀行システム」のプロトコルが導入されたようです。そして、この影響なのか、アメリカの友人も税金が5千ドルくらい戻ってきたと言っていました。今後は、1人ずつ「セキュアカード」なるものが発行されて、このカードでウェブサイトにアクセスして、債務決済なども含めて、自分自身の資産を管理できることになるようです。つまり、このシステムによって、他からの中抜きなどもできなくなる安全な口座になるということですね。今後、日本でもデジタル庁が推進していくようですが、このあたりの動きについては何かご存じですか？

ジョン　この件に関しては、私もまだ様子を見ているというところです。金融リセットに関しては、いろいろな情報も錯綜《さくそう》していますが、先日もお伝えしたように、まだこのあたりの動きはないようです。ただし、常に「もうすぐ」「まもなく」という声明は上がっていますね。また、これに対して、カバール側も黙ってはいないでしょう。未だに、やりたい放題なので、新しい金融システムをシャットダウンするために彼らもいろいろな計画を画策しているはずです。というわけで、普通の人たちは、まだまだこの新しいシステムの恩恵が受けられない状況ではありますね。ただし、いずれ近い将来、皆さんの債務が返還されるような日がくればいいなと思っています。

ＪＯＳＴＡＲ　そうですね。日本の銀行システムに関しても、どうやら、不正アクセスなども未だに行われていて不具合なども生じているようですからね。僕もこの件について、しばらくは様子見かなと思っています。そういう時代がはやく来るといいですね。

情報発信はパロディや風刺のスタイルがベスト

JOSTAR

それでは、そろそろ時間になってしまいましたので、これが最後の質問になります。僕はこれからもYouTuber、タレント、映画のプロデューサーなど自分の活動を通して、光の側として表現活動していきたいのですが、これまでも少なからず圧力を感じることがありました。たとえば、そこまで違反と思われるような内容でなくても、ＳＮＳに対する警告や削除など、たとえば、皇室の話をしたらＳＮＳがアカウント停止になるようなことがあり、「言論の自由」も規制されることがありました。

そこで、YouTubeなどでもなるべく内容をエンターテイメントやパロディの方向性に持っていき、いざというときのために、逃げ口をつくっておくようにしています。今日も、白い帽子を被ってホワイトハットのような感じを演出していますが（笑）、今後、僕たちができるだけスムーズに活動を送っていくために、何かアドバイスなどをいただけますか？

ジョン　今おっしゃった、そのやり方こそがまさにベストな方法ですよ。ネットやＳＮＳでは、パロディや風刺という形で表現する形でないとアカウントや自分のことは守られません。グアンタナモ収容所で行われている軍事裁判の件でもお伝えしたように、アメリカの軍部のホワイトハットたちは「リアル・ロウ・ニュース★（Real Raw News）」というウェブサイトを使って情報を発信しています。このサイトも、サイトの概要欄に「ユーモアやパロディ、風刺を記事に含みます」という表現があり、その箇所がわざわざハイライトされています。

つまり、そのような表現をあえてすることで、サイトは守られるのです。そうでないと、サイトが攻撃を受けたり、閉鎖されたりするからです。どちらにしても、このような記述があろうがなかろうが、目覚めた人や真の愛国者たちは、きちんとそこにある内容が真実であるかどうかは理解できるのです。Qが言うように、「わかっている人は、わかっている」、ということです。ですので、今のスタイルで活動していただいて、問題ないかと思います。それに、白いハットもとてもお似合いですよ！

情報発信はパロディや風刺のスタイルがベ

★

リアル・ロウ・ニュース（Real Raw News）

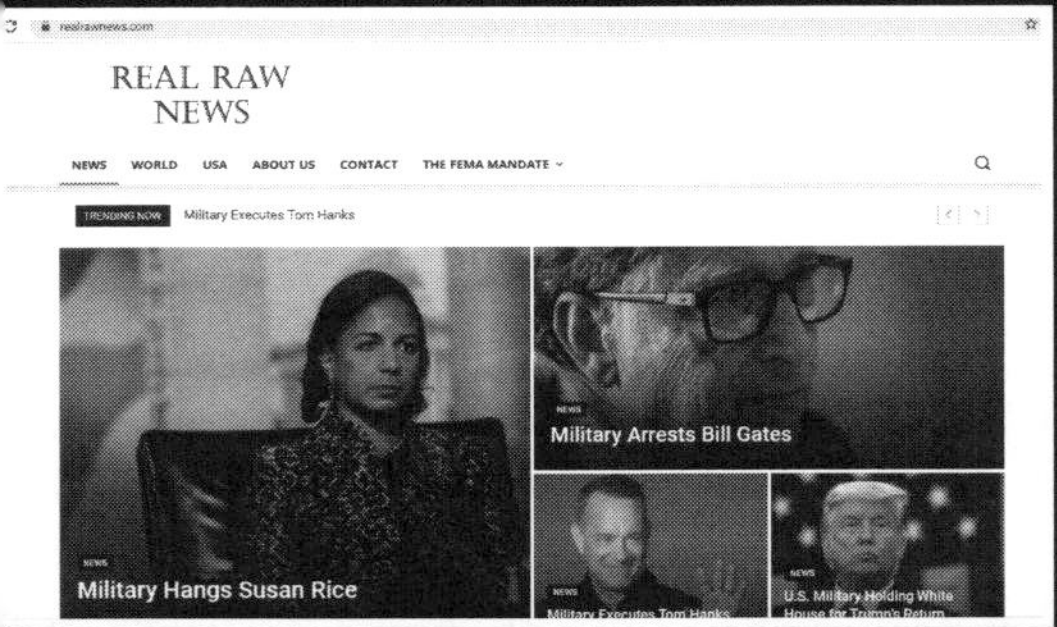

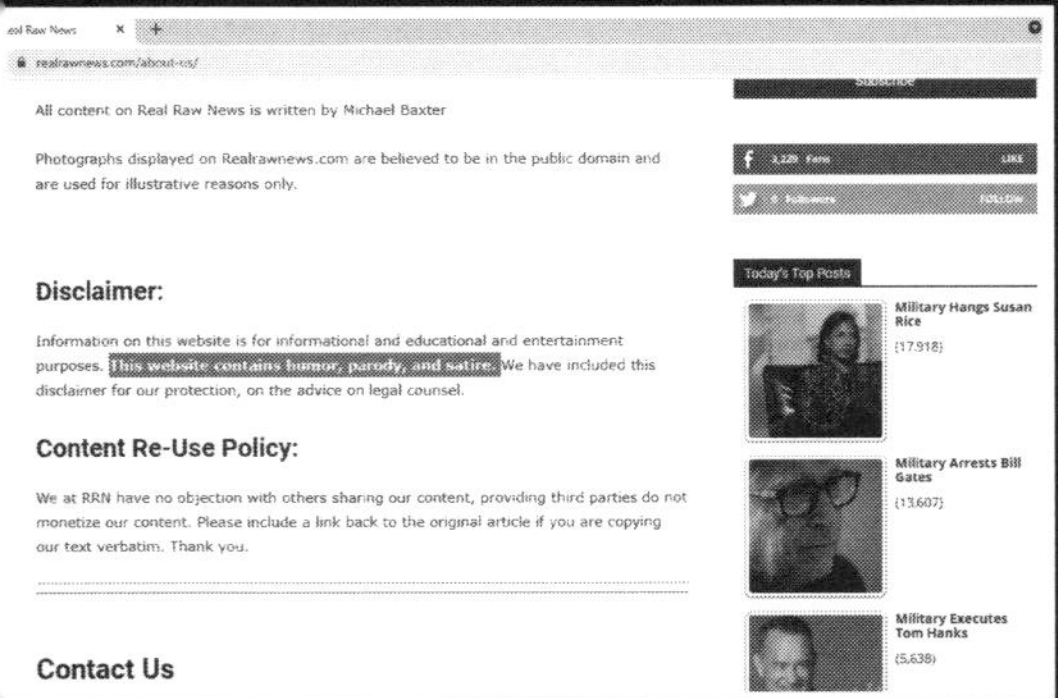

係者のホワイトハットが運営するサイト、「リアル・
・ニュース」。一見、ニセモノのニュースを扱うサ
に見えるところがポイント。サイトの概要欄には
ーモアやパロディ、風刺を記事に含む」、とあえて
することで、サイトの閉鎖などからも逃れられて

https://realrawnews.com

JOSTAR　どうも、ありがとうございます！　それでは、これからも僕たちなりに今のようなスタイルで発信を続けていこうと思います。今回はいろいろな情報を確認できるいい機会になりました。改めて、この出会いに感謝いたします！ありがとうございました。

ジョン　こちらこそ、どうもありがとうございました。ジョウ☆スターさん、そして、ゲストのお2人の今後のさらなるご活躍をお祈りしています！　またいつか、どこかでお会いいたしましょう！

おわりに

本書を最後まで読んでいただき、ありがとうございます。

私は、「本当の真実とは、そんなに簡単に受け入れられるようなものではなく、さらには、その人の信じている現実の間違ったマトリックスを手放すことは、もっと難しい」ということを常々語ってきました。

けれども、もし私たちがこれからサバイバルしていきたいなら、そして、より偉大で、より良き、より汚染されていない新たなる人類の次のステージへとシフトしていきたいのなら、そんな間違った現実はもう手放していかなければならないのです。

日本の皆さん、そして、世界中の人たちは今、その選択を迫られているタイミングを迎えています。

新たな時代のために、私たちは1つになって、私たちを精神的にも肉体的にも〝檻《おり》の中に閉じ込めておきたい〟とする力に立ち向かっていかなければなりません。

そのためにも、どうか、この本とこの本に書かれているストーリーを、あなたの友人や、オープンなマインドでいてくれる方、そしてこれまで、このようなことにあまり興味を持っていなかった方に向けても、シェアして広めていただきたいのです。

どうか、あなたが信じることを、一緒になって信じてくれる仲間たちを増やすようにしてください。

これから世界で起きそうなことをなんとなく肌で感じている、そんな人たちとぜひつながって、共に新しい世界を創っていきましょう。

私のウェブサイトでは、そのための情報を公開していますので、ぜひ、ご覧いただければ幸いです。

https://www.youtube.com/c/JohnDeSouzamedia
https://www.facebook.com/johnxdesouza
https://www.johntamabooks.com/
https://twitter.com/johnxdesouza
https://www.amazon.com/-/e/B00QWG7NCE

あなたに神の祝福がありますように。
そして、あなたがいつも人々の目覚めのための光でいられますように。

X-マン、ジョン・デソーザ

おわりに

ジョン・デソーザ（John DeSouza）

元FBI特別捜査官、作家、プレゼンター。FBI史上、最年少の23歳でFBIにスカウトされ、1988年から2013年まで25年間にわたり特別捜査官として、超常現象やテロ事件、凶悪殺人事件などの捜査を行う。FBI時代には、最も優れた捜査官に授与される「ベスト・エージェント賞」も受賞。大ヒットしたTVドラマシリーズ『X-ファイル（The X-Files）』の主人公、FBI捜査官フォックス・モルダー役のモデルになる。現在は、FBI時代に引き続き、超常現象をはじめUFO関連の現象などのリサーチを行いながら、多くの人々に真実を執筆活動や講演会、セミナーなどを通して伝えている。著書に、『真実はここにある　あのX-ファイルの主人公が明かす最高機密ファイルVol.1』、『ディスクロージャーへ、宇宙維新がはじまる！　あのX-ファイルの主人公と語る最高機密ファイルVol.2』（ヴォイス刊）他、本国アメリカでも多くの著作あり。

https://www.youtube.com/c/JohnDeSouzamedia
https://www.facebook.com/johnxdesouza
https://www.johntamabooks.com/
https://twitter.com/johnxdesouza
https://www.amazon.com/-/e/B00QWG7NCE

岡本一兵衛

俳優業、起業家を経て、倒産の危機に遭遇した際に巨額の借金を抱えてしまう。コロナ禍にもなり、新たな道を模索する中で、YouTuberに挑戦すると、「ゴム人間」ネタでブレイクして一躍注目を浴びる。もともと、仕事柄、3.11の震災が起きることを事前に知るなどして、闇の支配者の存在にも気づいており、世の中に絶望感を抱いていたことも。けれども、Qの活躍や、「甲軍」や「八《や》咫《た》烏《がらす》」など日本の世界最強部隊も光側のオペレーションに参加していることを知り希望を抱く。日本人であることに誇りを持ち、多くの人に、新しい地球の黄金時代の幕開けを伝えるためにYouTube活動に邁進中。

YouTubeチャンネル 「Ichibei matatabi ch」「Ichibei 2ch」

JOSTAR（ジョウ☆スター）

YouTuber、音楽・映像プロデューサー。YouTube のコンサルテーションも行う。東京都出身。アメリカ人の父親と日本人の母親のもとに生まれる。吉祥寺で育ち、学生時代はバンド活動に明け暮れる。「好きなことで生きていく」という YouTube の CM のコピーに影響を受けて、2016 年からソロチャンネルを始動する。現在はメインチャンネル他、多くのチャンネルを運営中。YouTuber の仲間たちとともに出演する映画、『東京怪物大作戦』をプロデュース。YouTube では、日々世界中で起きているニュースやそのニュースの裏にある真実を読み解くライブを配信し、好評を博している。著書に『世界怪物大作戦 Q 世直し YouTuber JOSTAR が闇を迎え撃つ !』（ヴォイス刊）。

YouTubeチャンネル

「JOSTAR CHANNEL ジョウ☆スターチャンネル」他。

直家 GO（平岡直家）

東京生まれ。幼少期より、UFO や心霊、異次元の世界などに興味を持つ。小学生時代の夢はヒーローになること。中学時代の夢はハリウッドで映画監督やプロデューサーになること。高校時代の夢は競輪選手になり大金持ちになること。そんな夢を親にことごとく反対され、建築・建設・工業系の道に進む。教育課程で取得した国家資格をもとに建設業へ従事。サラリーマン生活を 30 年近く務める。半信半疑ではじめた趣味の YouTube がいつのまにか日々のルーティンになり、やがて本気度も高まり、6 つのチャンネルを持つまでになる。近年は都市伝説や米国大統領選で自身のチャンネルが注目されたことを受け、新たな可能性について爆進中。

YouTubeチャンネル 「直家 GO」「福祉 Maaan」

囁《ささや》き女官《にょかん》あくあ主演『オカルト怪物学園』が
大ヒット！　好評につきシリーズ化決定！

の新作映画が続々登場！

監督 シネマッツン

JOSTAR 制作による新作 MV も世界同時配信決定！

期待の新作映画、『Gom's Brothers』制作決定！

JOSTAR プロデュース

『東京怪物大作戦』のスピンオフ映画が近日、続々公開予定となっています！ YouTube やイベント上映会においてご覧になっていただけますので、お楽しみに！

旅番組『RAYPROMO TV』をYouTubeにて絶賛配信中！

『The X-MAN File Q』発売記念！

「CBI（宇宙調査局）」メンバーに
限定動画を特別公開！

人気YouTuber、JOSTAR・岡本一兵衛・直家GOの3人による約30分間のスペシャルトーク動画（収録は2021年10月）をご覧いただけます。動画では、書籍『The X-MAN File Q』の完成を迎えて、YouTube上では語れない事実などが飛び出すかも!?

「CBI」とはVOICEが主催するUFO・ET情報をはじめ、混とんとする世界情勢やその他、さまざまな超常現象などの最新情報をいちはやくGETできるFacebookコミュニティです。オンライン上での特別イベントのご招待やリアルイベントへの優先参加の特典などもご用意しています。ぜひ、真実追求の波に参加されたい方は、この機会にご参加ください！ 動画視聴にはコミュニティ参加にご登録が必要です。スマートフォンなどから簡単にご登録できます（参加費はかかりません）。

応募フォームはコチラから！

http://www.voice-inc.co.jp/content/1280

※内容は変更になる場合がございます。あらかじめご了承ください。

The X-MAN File Q

あの『X-ファイル』の主人公と世直し YouTuber が真実を暴く
最高機密ファイル VOL.3

2021 年 11 月 15 日　第 1 版第 1 刷発行

著　者　ジョン・デソーザ（John DeSouza）
JOSTAR（ジョウ☆スター）

編　集　西元 啓子
通　訳　鏡見 沙椰
イラスト　メメント・コモリ
校　正　野崎 清春
デザイン　小山 悠太

発行者　大森 浩司
発行所　株式会社 ヴォイス　出版事業部
〒 106-0031
東京都港区西麻布 3-24-17 広瀬ビル
☎ 03-5474-5777（代表）
☎ 03-3408-7473（編集）
FAX 03-5411-1939
www.voice-inc.co.jp

印刷・製本　株式会社　シナノパブリッシングプレス

ISBN978-4-89976-522-6